JN438635

나,
지금
여기에

나,
지금
여기에

허영숙 수필집

수필과비평사

두물머리

국철을 타고 양수리역에서 내려 터벅터벅 시골길을 걸어가면 연잎밥집이 나온다. 푸짐한 쌈에 돼지고기볶음을 넣고 입이 미어져라 배부르게 먹고, 조금 더 걸어가면 수미원 입구가 나온다. 돌다리도 건너고, 연꽃에 취해 걸어가다 보면 두물머리에 도착한다. 그곳에서 강을 만난다.

금강산에서 흘러내린 북한강과 강원도 금대봉 기슭 검룡소에서 발원한 남한강의 두 물이 합쳐서 한강으로 흘러간다는 양수리 두물머리.

400년 된 느티나무 아래서 강물을 바라보면 떠나간 벗들이 서로 만나서 같이 흘러가는 것 같다.

저 황포 돛대는 어디로 가는가?

"너하고 잘 지냈어."

오십 년 전에 허리병으로 떠난 친구의 누렇게 바랜 편지는 아직도 장롱 속 깊숙이 잠자고 있는데.

십 년 전 유방에 탈이 난 친구는 보살처럼 말갛고 흰 얼굴이었지. 남한강으로 갔을까?

일주일에 세 번 투석을 한 친구는 어디로 갔을까? 북한강으로 갔을까?

'누가 갈거나?'

'네가 가야지.'

'아냐. 내가 가야지.'

강물은 흐르고 내 마음도 흐른다.

언젠가 두물머리 북한강, 남한강으로 흘러들어 가면 떠나버린 그리운 이들을 만나리라.

오늘밤도 두물머리를 그린다.

CONTENTS

1
코코 뭐하니

2
편지

3
성삼 마을

4
나 팔십 살이에요

1
코코 뭐하니

자화상
8+27=35
코코 뭐하니?
웃음
난 괜찮아
강화도 석모도 미네랄 온천
대추나무와 장 실장
덕유산 눈꽃 축제
엄마의 인생을 추모하며
원자재 펀드가 뭐예요?
신부님이 우셨다

자화상

어렸을 때를 떠올리면 항상 그 그림이 그려진다. 내 나이 예닐곱 살이었을 때, 아빠를 따라 검은 세단차를 타고 강가로 놀러 간 적이 있었다. 차 안에는 아빠 친구 한 분이 타고 계셨다. 그때가 더운 여름이었으리라. 차가 한참 달리니 강이 나왔다. 강변을 끼고 달리다가 아빠가 차를 세웠다. 큰 나무 그늘 밑에 돗자리를 깔고 자리에 앉았다. 아빠는 친구 분과 무슨 중요한 일이 있는지 얘기를 나누기 시작했다. 나는 강가로 내려가 반들반들 윤이 나는 예쁜 조약돌을 주워 와 공기놀이를 했다. 혼자 하니까 재미가 없었다. 공기놀이

조약돌을 강 쪽으로 던져 버리고 돗자리에 드러누웠다. 하늘을 쳐다보며 구름이 만들어 내는 기묘한 형상들을 좇아서 눈길을 돌렸다. 금방 심심해졌다. 아빠는 아직도 얘기에 열심이었다. 내가 옆에 있는 것도 모르는 것 같았다. 집에서 동무들과 소꿉놀이나 할걸, 괜히 따라왔다고 후회를 했다.

자리에서 일어나 아빠 쪽은 쳐다보지 않고, 온 길을 따라 되돌아 걸어가기 시작했다. 타박타박 걷는 내 발걸음 소리가 귀청을 울렸고, 바람 한 점 없는 더운 열기에 사방은 숨을 쉬지 않는 것처럼 고요했다. 얼마나 걸어갔을까? 뒤쪽에서 차 소리가 났다. 조금 있으니 아빠가 나를 부르며 차에서 내려 내 옆으로 오셨다.

"너, 여기가 어디라고 혼자 가는 거야? 저 숲속에 애들 잡아가는 무서운 망태가 있어."

아빠는 그 이상 야단치지는 않았다. 아빠 손을 잡고 차에 올라가 앉자 차는 달리기 시작했고 나는 금방 잠이 들어 버렸다.

우리가 살던 집 안방은 크고 넓었다. 아빠는 술을 드신 날에는 등에 나를 태우고 "어흥 어흥." 호랑이 우는 소리를 내며 방안을 기어 다녔다. 또 발등에다 내 두 발을 올려놓고 걸어 다니며 즐거워하셨다. 동생들은 안아 주지도 않고 놀아 주지도 않았다. 아빠는 나를 술집에 데리고 가기도 했다. 아빠가 술집 여자들과 이상한 행동을 하면 집에 가 엄마한테 이르겠다고 눈을 흘겼다. 제삿날이면 남자 동생보다 먼저 제사상에 절을 하겠다고 떼를 썼다. 엄마는 여자는 절하는 게 아니라고 야단치셨다. 방 한가운데 두 다리를 뻗고 울기 시작했다. 울음이 끊이지 않자, 아빠가 "그래, 영숙이가 먼저 절해라." 하셨다.

아빠는 어디를 가시든 나를 데리고 다니셨다. 아빠의 절대적인 사랑은 나를 고집 세고 버르장머리 없는 아이로 자라게 했다.

어느 날, 말을 듣지 않는다고 엄마가 나를 골방에 가둔 적이 있었다. 유치원에 다니고 있을 때였다. 문창호지 바른 창으로 빛이 들어오긴 했으나 방안은 어둠침침했다. 한 시간, 두 시간이 지나도 잘못했다고 빌지 않았다. 울지도 않았다. 배가 고팠으나 밥 달라고 보채지도 않았다. 가만히 앉아 생각했다.

'엄마는 계모가 틀림없어. 공부 가르쳐 준다고 옷감을 재는 두툼하고 큰 자로 손바닥을 사정없이 때렸어. 내가 미운 거야.'

어둑어둑 어둠이 방안으로 밀려오자 엄마는 방문을 열더니 나오라고 하며 눈을 흘기셨다.

대학에 입학하고 그 봄에 갑작스럽게 닥쳐온 아버지의 죽음은 세상 모든 것을 잃은 것처럼 슬펐다. 전공 공부는 멀리 던져 놓고 시를 쓰며 허무를 노래했다.

그때부터 글을 쓰기 시작했다. 기르던 '고양이' 얘기를 동화로 써서 신춘문예에 응모했다가 최종심에서 떨어졌다. 신문에 난 심사위원의 평에 고무되어 그 다음 해에는 '쥐'를 소재로 한 동화를 써서 다시 신춘문예에 응모했으나 이번에도 최종심에서 떨어졌다. 심사위원의 격려 평에 하면 되겠다는 의욕에 불탔으나, 글쓰기는 결혼하고 아이 셋을 낳으면서 중단되었다. 세월이 갔다. 나이 사십을 훌쩍 넘자 '나'를 찾고 싶어졌다. 다시 글을 쓰고 싶은 욕구가 일어났다. 용감하게 문화센터 문을 열고 들어갔다. 이번에는 단편소설 공부에 열을 올렸다. 맨 처음 쓴 작품을 지도 선생님은 잘 썼다고 85점을 주었다. 구십 점만 넘으면 '작가'가 되는데 그 길이 보이는 것 같았다. 또 다른 작품을 써서 같이 공부하는 동호인들의 평을 듣고 다시 개작하기를 반복하며 작가의 길로 매진했다.

그러던 어느 날, 서점에서 이문열의『사람의 아들』이라는 단편 소설을 사서 읽게 되었다. 그 밤에 책을 다 읽어 버렸다. 매우 재미가 있었다. 그리고는 내 소설이 형편없다는 좌절감에 사로잡히기 시작했다. 또 작가 정도상의『친구는 멀리 갔어도』를 읽고 나서는 소설을 쓸 용기가 나질 않았다.

유명 작가들 소설은 첫머리부터 독자를 사로잡아서 팽팽한 긴장감 속에서 읽게 하고, 방대한 사건 전개는 흥미진진

하여 소설 말미에 대한 호기심으로 책을 손에서 놓지 못하게 하는 마력이 있다. 또 감칠맛 있는 문장에 빠져들면 그 문장을 몇 번이나 음미하게 하는 묘미까지 있다. 게다가 문학성까지 갖추고 있으니…. 그 소설들에 비해 내가 쓴 소설은 어떤가? 소설적인 흥미가 있어서 푹 빠져들게 하는 것도 아니요, 사건 전개에 스릴이 있는 것도 아니요, 문학성을 논하자니 낯간지러울 뿐이다.

그 뒤로도 계속 소설을 썼으나 내 글에 대한 실망감에서 헤어나기가 힘들었다. 작품 수준이 나아지는 것 같지도 않았다.

소설 쓰기를 중단해 버렸다. 당시 친구들과 한참 붐이 일기 시작한 골프에 빠져 들었다. 그 재미는 소설 쓰는 고된 작업에 비해 기분이 상쾌해지고 활력이 생기며 젊음을 찾은 것처럼 신바람이 났다. 인노네시아로, 말레시아로, 캐나다 밴쿠버로, 일본으로, 누비고 다니며 골프 인생을 살았다. 그러면서 자위했다.

'만날 써봐야 그 타령이고 작가가 되기는 애당초 틀린 노

릇이야.'

지금까지 글쓰기에 매달린 내 자신이 어리석어 보이고 가소롭기까지 했다.

골프에 푹 빠진 채 십 년이 후닥닥 지났다. 그 즐거움도 잠깐, 내 안의 허기진 갈증을 채워주지 못하고 '이게 뭐하는 노릇인가?' 허탈한 기분에 사로잡히기 시작했다. 다시 소설을 쓰고 싶었으나 엄두가 나지 않았다. 소설을 그만 두고 수필을 쓰면 어떨까? 갑자기 쓰면 될 것 같은 느낌이 왔다.

1월에 「짝사랑은 이제 그만」이라는 수필로 등단을 했다. 글을 쓰면서 그동안 책상 속 깊이 넣어둔 묵은 원고 뭉치를 꺼냈다. 누렇게 빛바랜 원고지에는 내 젊음이, 꿈이 있었다. 꽤 많은 작품들이 모여 있었다. 이 작품들을 모아 내 책을 만들었다.

10월 31일 출판기념회를 열었다. 더불어 살아온 가까운 사람들을 초대한 자리였다. 그날은 70을 살아온 내 '고희'

이기도 했다. 좋은 시간을 가졌다. 이 날은 내가 살아온 많은 날 중에서 가장 기쁘고 보람된 날이었다.

내게 남은 시간들은 평생 가장하고 싶었던 글쓰기를 계속하면서, 살아가리라. 내 글을 읽고 공감해 주고 격려해 준다면 더 이상 무엇을 바라겠는가?

나는 기다리리라. 언젠가는 영원한 여행을 떠날 그 시간을….

8+27=35

둘째 손자가 여덟 살일 때 강남에 있는 코엑스를 구경시켜 주었다. 점심을 주문해 놓고 자리에 앉아 기다리는데 손자가 말했다.

“할머니 8+27은 얼마예요?”

“35.”

“할머니 제가요, 35살이 되면 훌륭한 사람이 될 거예요. 할머니가 27년 더 살면 100살이 되시는 거예요. 100살까지 사세요.”

그때 난 73세였다. 27년 후에는 훌륭한 사람이 될 테니 할머니인 나에게 100세까지 살라고 한다. 말만 들어도 흐뭇하다. 기특한 녀석이다. 100세라! 그 나이까지 살아야겠다고 생각해 본 적은 한 번도 없다. 80세에서 85세 사이에 갔으면 하는 생각은 자주하는 편이다.

내 두 다리로 걸을 수 있고, 내 손으로 먹을 수 있고, 보고 싶은 사람 생각나면 전화하고, 생각할 일이 있으면 깊이 생각하고, 밤이면 잠을 맛있게 자고, 항상 매사에 적극적이고, 무엇이든 하고 싶은 의욕이 있고, 사는 것같이 살 때까지만 살아야지, 이런 생각들이 나의 삶에 대한 정리다.

주위에서 병이 들어 고생하시는 어르신을 모시고 사는 분들 얘기를 자주 듣는다. 뉘 집 시아버지는 중풍으로 자리보전하고 누우신 지 5년인데 며느리가 대소변 받아낸단다. 온 집안에 똥 냄새가 진동하고 잠시도 집을 비울 수가 없어서 외출도 못하고 싱역살이를 하니 지옥이 따로 없다고 불평을 했다. 지금도 팽팽한 시어머니는 새벽 기도에 다녀와서 아침을 들고 노인정에 가 놀다가 저녁 해질 무렵에 들어와서 시아버지 방에 들어가 잠시 앉아 있다가 나와서 저녁을 들고는 당신 방으로 들어가 텔레비전 드라마를 보다가 주무신다는 것이다.

또 치매에 걸린 시어머니를 모시고 사는 옆집 젊은이 내외는 현관 문을 열고 가출하는 시어머니 때문에 온 동네 찾아 헤매고 파출소 신세를 한두 번 진 게 아니고, 게다가 엉뚱한 말씀을 하는 바람에 두 내외를 싸움붙이고 당신은 웃고 계신다는 것이다.

"너 출근하고 나면 나만 놔두고 나갔다가 너 들어올 무렵에 들어와. 오늘 점심을 굶었더니 뱃가죽이 붙었어."

눈물을 훔치시는 어머니를 본 아들은 주방에서 저녁 준비하는 아내를 불러 따지면 아내는 그런 적이 없다고 펄쩍 뛰며 "언제 제가 나갔다 왔어요?" "점심도 드셨지요?" 억울해서 못살겠다고 아내는 눈물을 흘리니 어머니를 탓할 수도 없고, 입장이 난처해진 적도 비일비재하단다. 그럴 때마다 아들 앞에서 당신의 엉뚱한 말로 아들 내외가 다투는데도 시어머니는 희죽희죽 웃으시니 기가 막힌다는 것이다.

원하는 나이까지만 살고 싶다.

어느 해인가 손자가 생일 카드를 주었다.

"할머니 안녕하세요? 편지 늦게 드려서 죄송할 따름이에요. 우선 늦었지만 생신 축하드려요. 앞으로 오래오래 장수하셨으면 좋겠어요. 제가 할머니 성함으로 삼행시를 지어볼 게요.

'허'옇게 질리지 않고

'영'리하게 해결할 수 있는 할머니는 바로

'숙'련된 멋쟁이 전문가.

정말 사랑해요.

또 읽어도 감동이다.

둘째 손자는 아들이 내슈빌에 MBA 학위를 따러 갔을 때 낳은 손자다. 눈이 크고 피부가 하얗고 이목구비가 조각 같다. 벙글벙글 웃는 손자는 주위 사람들의 귀여움을 받았다. 손자가 다섯 살일 때 손잡고 공원을 걸으면 앞에 가던 할머니가 손자를 다시 보려고 뒤돌아보기도 했다.

손자는 이제 중학교 이학년이다. 영어학원, 수학학원, 태권도장으로 하루하루가 바빠졌다.

손자가 보고 싶으면 전화를 한다.

"여보세요."

변성기가 온 손자의 목소리는 걸걸하고 톤이 낮은 저음이다.

할머니가 하는 얘기는 뻔하다.

"우리 손자 다 컸네. 공부하느라 고단하지?"

어렸을 때 수영장에 데리고 가면 할머니 몸에 붙어서 깔깔거리던 아기가 어느새 성장하여 지금은 키가 180㎝다.

네 바람처럼 '그래, 할머니 백 세까지 살게.'

코코 뭐하니?

'코코'는 일 년 전에 아들 집에 입양된 강아지다. 처음에는 여기저기 오줌을 싸고 똥도 쌌다, 그럴 때마다 콧등을 엄지, 검지손가락으로 때려 주었다. 이제는 똥, 오줌도 가리고, "앉아!" 하면 앉고, 먹을 걸 줄 때 "기다려!" 하면 귀를 쫑긋 세우고 기다릴 줄도 아는, 하얗고, 털이 보송보송하고, 눈동사가 조롱초롱한 귀여운 강아지다.

몇 년 전만 해도 아들 집에 전화를 하면 손자들의 안부를 먼저 물었으나 요새는 전화를 하면 "코코 뭐하니?" 하며 코코의 안부를 묻는다.

아들이 미국 내슈빌에 MBA 과정을 공부하러 갔을 때 큰 손자는 다섯 살이었다. 아들 내외와 손자가 미국으로 간 지 육 개월 만에 우리 내외는 손자를 만나러 비행기에 몸을 실었다. 시카고까지 가는 데 14시간이 걸렸다. 시카고 공항에 내려서 몇 시간을 기다렸다가 내슈빌로 가는 국내 비행기를 갈아타고 한 시간을 더 가면 아들이 사는 내슈빌 공항에 도착했다. 손자를 만난다는 기대감으로 피곤함을 견딜 수 있었다.

내슈빌에서 아침 일과는 학교 갈 시간이 다 되어도 일어나지 않는 손자를 깨우는 일부터 시작했다. 스쿨버스가 떠날까봐 손자는 인라인스케이트를 타고 달려가고 난 손자 뒤를 뒤따라 뛰어간다. 떠나려는 버스를 손을 흔들어 손자를 태운 후 버스가 떠나는 걸 보고 인라인스케이트를 밀고 아파트로 온다.

손자가 학교에서 돌아올 시간이 되면 버스 정류장에 가서 기다렸다. 버스 창밖으로 손자가 보이면 손을 흔들고 버스에서 내리는 손자 가방을 들고 손을 잡고 아파트로 왔다. 손자와 노는 건 블럭 놀이었다. 아파트도 짓고 자동차도 만들고 손자가 만들고 싶어 하는 걸 같이 만들었다. 손자는 또 수영장에 가서 노는 걸 좋아했다. 그 동네에 있는 YMCA 수영장에 가서 한 시간씩 물장구치다가 오기도 했다.

아들딸이 모두 가정을 꾸리고, 적적하던 참에 손자가 태어났다. 하느님께서 노년에 내게 주신 선물이라 하며 기뻐했다.

아침 10시 미사가 끝나면 걸어서 30분 걸리는 아들네 집으로 간다. 며느리도 직장에 다니고 있어서 손자는 도우미와 같이 지내고 있다. 현관 밖에서 손자 이름을 부르며 현관문을 열고 들어가면 손자는 엉금엉금 기어와 문 앞에서 할머니를 기다렸다.

손자를 안아주고 안고 재우고…. 내 자식 기를 때와는 다른 보람과 기쁨이 있었다. 얼굴 표정이 밝아질 정도로 손자 사랑에 푹 빠졌다.

25일간 미국 체류 기간이 끝나고 한국에 가려고 짐을 싸면 손자는 따라가겠다고 떼를 썼다. 장난감도 사주고 또 온다고 손가락을 걸고 약속도 했다.

한국에 온 지 몇 달 뒤에 둘째 손자를 가졌다는 기쁜 전화가 왔다. 해산달이 가까워졌을 때 우리 내외는 다시 시카고행 비행기 속에 있었다.

태어난 둘째 손자는 눈이 부리부리하고 코도 크고, 미국 아이들처럼 윤곽이 또렷하고 잘생긴 아기였다. 항상 방글방글 웃었다. 온 식구가 동생을 예뻐하고 관심이 동생한테 가니까 큰손자는 샘을 내며 동생이 없으면 좋겠다고 심술을 내며 아무도 보지 않을 때는 살짝 꼬집어 울리기도 했다.

아들이 여름 방학을 맞아 10시간 차로 달려서 뉴올리언스로 여행을 갔다. 며느리 먼저 점심 먹으라고 둘째 손자를 베이비 캐리어에 태우고 거리를 왔다갔다 했다. 손자는 벙글벙글 웃었다. 그때 길 가던 미국 사람이 '이렇게 행복해 보이는 아기는 처음 봤다.'고 하며 사진을 찍어도 되느냐고 양해를 구했다.

내리사랑이라고, 한창 미운 짓을 하는 큰손자는 비켜가고 둘째 손자 재롱에 세월 가는 줄 모르고 행복했다.

이제 큰손자는 대학 일학년이고, 둘째 손자는 중학교 2학년이다. 얼굴 보기 힘든다. 며느리는 둘째 손자가 사춘기인지 방에 들어가면 나오지도 않고 말도 잘 안 한다고 한다. 뭘 하고 있는지 문을 열고 들여다보면 노크하지 않고 문을 열었다고 화를 낸다는 것이다. 큰손자는 늦게 들어오니 언제 들어 왔는지 모른다고 했다.

4년 전에 아들한테 주상 아파트를 물려주고 우리 내외는 방배동 작은 아파트로 이사를 왔다. 은행에 볼 일이 있어 간 김에 은행 근처에 사는 손자들이 보고 싶어 벨을 눌렀다.

"할머니 오셨어요?"

두 손사는 인사만 하고 각자 방으로 들어가서 나오지 않았다. 손자 사랑에 세월 가는 걸 모르고 많이 웃으며 살았는데, 아이들이 커가면서 마음 부칠 곳이 없어 허전하던 차에 '코코'가 왔다.

아들 집에 전화를 하면 "코코 뭐하니?" 안부를 묻는다.

한번은 큰손자한테 물어봤다.

"할머니랑 재미있게 놀았던 때 생각나는 게 있니?"

"없는데요."

애기였을 때 큰손자는 시도 때도 없이 공원에 가자고 떼를 썼다. 눈이 쌓여 미끄러운데도 공원에 나가자고 했다. 유모차에 아이를 태우고 빙판길을 조심조심 밀며 공원을 돌았다. 자판기 앞에 가면 아이는 언제나 음료수를 사달라고 했다. 한번은 주머니에 돈이 없는데도 사달라고 유모차에서 떼를 썼다. 지나가시던 할아버지가 "이놈, 할머니가 돈이 없다고 하는데 떼를 쓰면 어떻게 해." 소리 지르자 조용해졌다. 그런데도 추억거리가 하나도 없다니 서운하다 못해 배신감마저 들었다.

저녁을 먹고 산책을 나가려는데 둘째 손자한테서 전화가 왔다.

"오랜만에 네 목소리 들으니 할머니 기분이 좋다. 사촌기는 잘 지내고 있니?"

“네. 마음이 편안해졌어요.”

며느리에게서 전화가 왔다. 전화기 너머에서 코코가 짖는다. 며느리에게 전화기를 코코한테 대주라고 했다.

“코코야, 왜 짖니?”

한바탕 웃음꽃을 피우며 전화를 끊었다.

웃음

어젯밤 여덟 시 TV에서 대선주자 2차 토론에 나온 세 후보가 시청자들을 향해 미소를 지으며 공손하게 인사를 했다. 박근혜 후보, 이정희 후보, 문재인 후보 순서로 앉았다. 사회자가 이정희 후보에게 박근혜 후보를 향해 질문할 기회를 주었다. 이 후보는 고르지 못한 앞 이를 다 드러내고 활짝 웃으며 말문을 열었다.

"비정규직 임금이 얼마죠?"

그 웃음은 선생님이 어리벙벙한 학생들을 향해 물을 때 '너 그것 모르지, 알 리가 없지.' 할 때 짓는 웃음처럼 보였다.

박 후보는 조심조심 말문을 열었다. 대답했다.

"내년에는 얼마죠?"

이 후보는 흡사 먹이를 노리는 고양이처럼 눈을 치뜨고 웃음 각을 세웠다. 박 후보가 더듬거리며 대답했다.

문재인 후보의 굳게 다문 입 주위에는 자신감이 넘치는 미소가 넓게 자리 잡았다. "선생님, 저 숙제해 왔어요. 물어 보세요." 하는 것 같은 표정이었다.

이정희 후보는 문 후보를 향해서는 순한 선생님이 '그래 알았어, 틀려도 괜찮아.' 하는 듯이 치아를 감추고 예쁘게 입을 열었다.

일주일째 저녁을 먹은 후에는 텔레비전 앞에 앉아 대선 뉴스에 촉각을 세우며 경청하고 있다. 누굴 찍을지는 일 년 전에 정해 놓은 상태다.

웃음에는 '웃는 동작' '소리'에 따라 여러 가지로 구별할 수가 있다. 기뻐서 웃는 웃음소리는 크고 맑다. 깔깔거리거나, 껄껄거리거나. 싱글벙글하거나, 생글기린다. 비웃는 웃음은 입모양이 한쪽으로 처져 있으며 눈은 상대방을 향해 경멸하는 듯이 옆으로 쳐다본다. 웃음가마리가 된 사람의 웃음은 금방이라도 눈물방울이 떨어질 것 같다.

웃어서는 안 되는 웃음을 웃은 적이 여러 번 있다. 왜 웃었는지 그때 내 심사를 이해하기 어렵다.

얼마 전에 단골로 다니는 효자동 치과에서 웃음 사건이 있었다. 연세가 많으신 선생님은 가급적이면 이를 뽑지 않고 살리는 분이다. 임플란트보다는 내 이가 최고라는 소신으로 일 년, 길게는 이 년을 치료해서 살리는 명의다. 백령도에서도 오고 속초에서도 오고 서울 곳곳에서 입소문으로 환자가 몰려와 대기실에 열 명 이상씩 기다리고 앉아 있다. 신문을 보다가 깜박 졸고 있는데 내 차례가 왔다. 치료를 받고 있는데 옆에서 치료 받던 할머니가 '왝왝' 토하는 소리를 냈다. 간호사가 등을 두드렸으나 왝왝이 계속되었다. 진료 의자에서 내려온 할머니는

"내, 틀니, 어떻게 해요?"

울상을 지으며 목을 감아쥐었다. 상황 판단을 한 나는 순

간 웃음이 터졌다. 썩은 어금니를 치료하기 위해 부분 틀니를 의사 선생님이 뽑아서 할머니 혀에다 놓았는데 목구멍으로 틀니가 넘어가 버린 것이다.

"할머니, 어떻게 해요?" 위로 말을 하는데도 웃음은 계속 나왔다. 내가 집으로 간 후에 할머니는 별 미친 여편네 다 보았다고 욕을 했을 것이다. 그 틀니는 어떻게 되었을까?

난 괜찮아

결혼 17주년 기념으로 일박여행을 떠난다는 딸 부부의 얘기를 듣고도, 우리 부부는 10월 9일 결혼 51주년인데 광화문 태극기 집회에 참석하느라 지나가 버렸다. 그 서운함이 새삼 마음을 아프게 했다.

요사이 젊은 청춘들은 애정 표시도 과감하게 장소를 가리지 않고 한다. 때로는 그 모습에 눈살을 찡그리기도 하지만 그런 그들의 모습이 예쁘기도 하다. 나도 콩깍지가 끼었을 때 저런 사랑을 한 적이 있었을까?

아이들이 놀러 갈 때 우리 부부도 같이 간 적이 더러 있었다. 그런데 지나고 보니 어리석은 동행이었다. 부부가 즐거워할 시간에 우리 부부가 끼어있었으니 진한 애정 표현도 못했을 것이고, 이 눈치 저 눈치 보느라 무슨 재미가 있었을까 싶다. 이번엔 인사차 같이 가자고 해도 거절해야지, 결심하고 있다.

혼자된 친구와 추석 다음 날 통화를 했다.

"추석날 두 아들 내외 왔었지?"

"어제 왔다 갔어."

"추석날 콘도로 가족끼리 놀러 간대."

"엄마도 데리고 가야지."

"난 괜찮아."

친구는 여전히 예쁜 목소리로 말했다.

"그런 법이 어디 있어? 엄마 혼자 추석을 지내게 하고."

지금에야 깨달았다. 자식들은 자기 부부 둘만의 세계에서 살고 싶어 한다는 것을….

작년에 내 팔순 기념으로 온 가족이 캐나다 록키를 다녀왔다. 여행비도 우리 부부가 냈다. 추억을 남기고 싶다는 나의 바람이었다. 여행을 다녀온 뒤로 어떤 자식도 여행이 좋았다는 말을 하지 않았다. 두 손자는 여행 다녀온 지가 일 년이 지났는데도 여행 얘기는 꺼낸 적이 없다.

"난 괜찮아."

친구는 나보다 훨씬 현명한 생각을 한 것이다.

노년에 가 보고 싶은 곳도 많고, 맛 자랑 집을 찾아다니며 맛있는 것도 먹고 싶은데, 51주년 결혼기념일도 모르고 지나쳐 버리는 남편은 어디를 가보고 싶다는 계획을 세울 줄도 모르니 답답하다. 또 같이 다닐 벗이라도 있으면 좋으련만 지팡이 짚고 다니는 친구, 나들이가 힘든 친구들이니….

나도 자식들이 어디 놀러 간다고 하면 '잘들 다녀와, 엄마는 괜찮아.' 라고 말해야지.

강화도 석모도 미네랄 온천

오늘 서산꽃게탕을 먹으러 친한 남편 친구 부부와 강화도로 봄나들이를 갔다. 남편 친구는 항상 웃고 재미있는 말을 잘하는 분이다.

한 시간 반을 달려서 차는 강화도 서산꽃게탕 음식점에 도착했다. 맛 자랑으로 소문이 난 집이라 매번 올 때마다 번호표를 받고 이십 분 정도 기다려서야 차례가 왔는데 기다리지 않고 직원이 안내해 준 자리에 앉았다.

언제 먹어도 그 집 꽃게탕은 맛이 있다. 국물에 라면 사리 두 개를 넣어서 먹고 나왔다.

작년에 강화도 석모도 섬에 미네랄 온천이 생겨서 온천을 하러 갔었다. 강화도와 석모도 사이를 이어주는 다리가 생겨서 차를 타고 석모도 섬으로 들어갔다. 개장 초라서인지 많은 사람들이 줄을 서서 기다리고 있었다. 대기 번호 200번을 받았다. 두 시간을 기다려야 온천을 할 수 있다고 하기에 그냥 서울로 돌아왔다.

오늘은 대기표를 주지 않았다. 입장료를 내고 노천탕에 갈아입고 들어갈 옷을 들고 여탕으로 들어갔다. 목욕탕 직원이 샴푸와 비누를 들고 들어가지 못하게 했다. 세면대에 기다란 끈에 매달린 비누로 세수를 하고 샤워기 물로 몸을 씻고 탕 안으로 들어갔다. 탕 안이 좁고 소문과 달리 시설이 별로였다.

노천탕에 들어가는 옷으로 갈아입고 밖으로 나갔다. 봄바람에 몸이 시렸다. 바다가 보이는 넓은 공간에 노천탕이 여러 곳에 있었다. 가리개로 바람을 막아놓은 탕으로 들어가 앉았다.

"저게 뭐야?" 친구 부인이 상을 찌푸리며 말했다. 허연

부유물이 수도 없이 떠 있었다. 남편이 미네랄이 떠있는 것이라고 하면서, 야외 온천탕에 떠있던 허연 물체들은 비누로 몸을 씻지 못하고 들어온 사람들 몸에서 떨어져 나온 분비물일 것이라고 말했다. 잠깐 탕 속에 있다가 강화 바다를 보러 나갔다. 봄바람이 찼다. 다시 실내 온천탕으로 들어가, 몸을 녹이고 밖으로 나왔다.

차에 타자 금방 졸음이 쏟아졌다. 한잠 자고 눈을 뜨니 차는 김포 가도를 달리고 있었다.

지저분한 물속에서 씻고 나온 몸에 불결한 것들이 붙어 있는 것처럼 기분이 찜찜했다.

바다를 바라보며 낭만을 즐기는 온천이라는 선전광고를 보고 꼭 가보고 싶었던 온천이었는데 강화도 석모도 온천은 다시는 갈 곳이 못 된다는 결론을 내렸다.

왜 비누로 몸을 씻고 탕 안에 들어가지 못하게 했는지 그 이유가 무엇인지 궁금증이 풀리지 않았다.

정수한 물을 다시 끌어 올려서 쓰기 위해서일까?

대추나무와 장 실장

가락동 사무실에서 퇴근한 남편은 장 실장 가족이 오늘 사무실에 짐을 가지러 왔는데 남편이 내놓은 유품을 다 버렸다고 한탄을 했다.

장 실장의 잠바, 구두, 양복 등 많은 물건들은 침대 밑에서, 선반에서 또 지하 창고에서 나왔다. 남편은 유품들을 잘 정리해서 상자에 차곡차곡 담아놓고 가족들이 오기를 기다렸다. 장 실장 아내가 남편이 내놓은 짐을 쓰레기봉투에다 마구 집어넣고, 냉장고에 들어있던 반찬들도 음식쓰레기 봉투에 쏟아 넣었다는 것이다. 집에 가서 옷에 무엇이

들었는지 확인해야 하지 않느냐는 남편의 말은 들은 척도 안했다는 것이다.

"뭐 주실 것 있으면 주시죠."

아들은 남편을 쳐다보지 않고 얼굴을 외로 꼬며 말했다.

그 가족들은 남편이 내놓은 퇴직금을 받고 타이탄 트럭을 타고 떠났다.

장 실장이 건물의 관리인으로 취직한 것은 7년 전이다. 벼룩시장에 난 구인광고를 보고 사무실로 찾아온 사람이다. 장 실장은 자신의 과거를 소탈하게 털어놓았다. 영업용 택시기사를 40년 하고 퇴직했는데 "손자들 용돈도 주고 장난감도 사줘야지요, 놀면 뭐합니까?" 하며 취업을 원했다.

남편은 장 실장 칭찬을 많이 했다. 출 · 퇴근이 정확하고, 시키는 일은 꼼꼼히 잘하며, 눈이 오나 비가 오나 출근 시간 9시를 꼭 지킨다는 것이다.

작년 추석 무렵이었다. 주차장 구석에 자라고 있던 대추나무에 대추가 많이 열렸다. 항상 주차장 구석에서 관심을 끌지 못한 대추나무였는데 작년에 처음으로 대추가 주렁주

렁 달린 것이다.

올해 추석상에 놓을 대추는 가락동 사무실에서 따 온다고 남편은 신바람이 나서 말했다. 추석 전날 차례상에 놓을 대추를 따러 사무실에 간 남편은 잔뜩 화가 나서 들어왔다.

"대추나무 베어 버려야지. 어젯밤에 도둑이 들어와서 대추를 한 개도 남기지 않고 다 따 가버렸어. 대추나무에 사다리가 걸쳐있었어."

남편은 말은 안했지만 장 실장을 의심하는 것 같았다.

추석이 지나고 며칠 후에 장 실장이 병원 응급실에 입원했다는 전화가 사무실에서 왔다. 남편이 문병을 갔더니, 장 실장은 병원 침대에서 일어나 앉아서

"내일 퇴원하는데 사장님 왜 오셨어요? 틀니를 하느라 이를 다 뽑고 며칠 먹지 못했어요. 어제 갑자기 빙빙 돌고 일어날 수가 없더라고요. 동네 병원에서 링거를 맞았는데도 어지럼증이 없어지지 않았어요. 집사람을 오라고 해서 앰뷸런스를 타고 종합 검사해 보려고 입원했어요. 내일 아침에 MRI 찍고 사무실 출근할게요, 걱정 마세요."라고 말

을 하는 걸 보니까 별 문제가 없어 보였다고 했다.

다음 날 남편과 과천 토속 음식점에서 점심을 먹고 있는데 사무실에서 전화가 왔다. 장 실장이 위독하다는 전화였다. 구로동에 있는 S병원 중환자실 대기 의자에 가족들이 침통한 얼굴로 앉아있었다. 부인이 울먹거리며 말했다. 아침까지는 괜찮았는데 혈압이 떨어지고 숨이 차서 중환자실로 옮겼는데 눈을 감고 불러도 아무 반응이 없다는 것이다.

중환자실로 들어가는 가운으로 바꿔 입고 손을 소독하고 장 실장이 누워 있는 침대로 갔다. 장 실장은 움직임이 정지된 정물처럼 미동이 없었다.

“말을 하면 알아들으시나요?”

간호사는 고개를 흔들었다. 침대 옆에 심장박동기는 50을 가리키는 선에서 흔들리고 있었다.

집으로 가고 있는데 전화가 왔다. 장 실장 아들이었다.

“아버님 운명하셨습니다.”

화장장에서 화장을 한 장 실장을 납골당에 안치하는 장례 일정을 마치고 온 남편은 말이 없었다.

장 실장이 떠난 후 남편은 사무실에 가면 장 실장이 커피를 타 가지고 오는 것 같다는 얘기를 하며 이렇게 가버리는 인생도 있느냐고 했다.

그동안 장 실장은 퇴근을 하지 않고 사무실에서 잤다고 다른 입주자들이 말했다. 정각 9시에 전화하면 장 실장이 전화를 받는다고 책임감이 강한 사람이라고 누누이 칭찬했던 남편이다.

사단이 난 것은 장 실장이 며칠 전에 틀니를 하기 위해 이를 다 뽑았는데 매일 소주를 마시는 애주가라, 그날도 술을 마신 모양이었다.

이를 뽑은 날 술을 마시면 치명적이라는 얘기를 들은 적이 있다.

장례를 치르고 아들이 치과에 가서 지불한 틀니 값을 환불 받았다고 한다.

이 년 전에 독일에서 친구가 한국에 다니러 왔다. 장 실장이 운전을 하여 대천에 있는 무창포에 네 사람이 갔었다. 횟집에서 친구랑 주거니 받거니 소주잔을 여러 번 들이켠

장 실장이 헛소리를 하기 시작했다.

"사장님은 뭘 말씀 드리면 처음에는 안 된다고 하지요. 자꾸 얘기하면 승낙하세요. 마음이 약하세요."

남편의 약점을 그대로 얘기했다. 또 독일 친구한테는 진한 농담도 하고 아주 예의가 없었다.

그 날 이후 장 실장을 바꿔야 한다고 남편한테 계속 얘기를 했다.

갑작스런 장 실장의 죽음 앞에 난 죄스러웠다. 들리기만 한다면 용서를 구하고 싶었다.

한 번 왔다 떠나는 망자를 모질게 보내는 가족들을 보며 생각했다. 무엇이 그들 마음을 닫히게 했을까?

덕유산 눈꽃 축제

지난 일요일 2월 17일. 아들네 식구들과 일도시 닭갈비 집에서 점심을 먹었다. 즉흥적으로 눈꽃 여행을 가자는 내 제안에 다들 찬성을 했다. 즉석에서 핸드폰으로 표를 예약 했다.

며칠 전 화요일에 오랜만에 서울에 탐스런 눈이 내렸다. 그곳에 가면 눈꽃 핀 산을 보며 가는 겨울 정취에 젖어 멋진 하루를 보낼 수 있을 것 같았다. 또 손자들과 추억 쌓기도 해야겠다는 꿈을 갖고 2월 22일 서울역에서 7시 57분 KTX 열차를 타고 떠났다. 차창 밖으로 보이는 산야는 겨울이 가고 봄 채비를 하는 듯이 밭갈이해 놓은 곳이 더러 보였다.

대전역에 내렸다. 노란 미니버스가 기다리고 있었다. 1시간 20분을 달려서 무주구천동에 도착했다. 가이드가 소개한 산채나물비빔밥집에서 맛없는 점심을 먹고 구천동 자연 산책로를 한 시간 걸었다. 눈이 안 보인다는 내 말에 운전수 겸 가이드는 덕유산에 올라가면 눈이 조금 있을 거라고 하며 금년에는 눈이 자주 안 와서 여행객들이 눈 구경을 하고 간 팀은 두 팀밖에 없었다는 설명을 했다.

구천동에서 1시간을 차를 타고 가서 덕유산 곤돌라 입구에 도착했다. 곤돌라를 15분 타고 덕유산 정상에 올랐다. 좌우 산 어디를 둘러봐도 눈이 없는 겨울 산만 보였다.

스키 타는 슬로프는 눈이 좀 녹은 상태였는데도 스키를 즐기는 사람들이 많았다. 신발에 아이젠을 끼고 여행객들은 20여 분 걸린다는 향적봉에 올라갔다. 처음 시작은 계단이니까 쉽게 올라갈 수 있을 것 같아서 나도 올라가고 싶었다. 내려오는 사람들이 말했다.

"할머니, 미끄러워서 못 올라가요."

손자 둘이는 용감하게 올라가보겠다고 하며 출발했다. 큰손자는 구두를 신은 상태였다. 혹시 빙판에 미끄러지면 어쩌나 별 생각이 다 들었다. 20분이 지나도 안 내려왔다. 아이젠을 신발에 끼고 올라가서 데리고 내려와야지 하고 있는데 두 손자가 무사히 내려왔다. 운동화를 신은 둘째 손자는 얼음판에서 꽈당 뒤로 넘어졌다고 했는데 다친 곳이 없어서 다행이었다. 구두 신은 큰손자는 미끄러지지 않고 잘 내려 왔다고 웃었다.

가이드는 여행객들을 4시 20분에 금산 하늘물빛정원에 내려주며 허브 족욕탕을 30분 하고 차에 타야 된다고 주의를 주었다. 6시 대전역에 우리를 내려주고 안내 차는 떠났다.

예약한 여행 상품은 덕유산 눈꽃 여행이었는데 며칠 사이에 덕유산 봄나들이 상품으로 바뀌었다. 문자로 KTX에서 상품 내용이 바뀌었으니 취소할 여행객들은 취소하라는 안내문을 보내 주었다면 취소하고 안 갔을 텐데 뭔가 속은 것 같은 불쾌감을 떨쳐 버리기 어려웠다.

SNS에 올리자. 이건 여행객들을 속이는 처사라고….

여행지에서 가이드가 소개한 식당에서 식사를 하면 매번 후회를 했다. 이번에도 또 깜빡했다. 맛없는 산채비빔밥을 먹은 게 억울했다.

다행히 괜히 왔다는 불평은 아무도 안했다. 할머니 체면을 조금 구기고 덕유산 눈꽃 축제는 끝이 났다.

엄마의 인생을 추모하며

작년 가을에 돌아가신 엄마가 연거푸 이틀 밤을 꿈에 나타났다. 첫날은 우리 집 현관 앞에 서서 살아 계실 때처럼 웃음기 없는 맨 얼굴로 가만히 나를 쳐다보시다가 아무 말도 않고 도로 밖으로 나가셨다. 다음 날 꿈에 보인 엄마는 "얘, 시장하니 뭘 좀 먹자." 하시기에 "엄마, 탕수육에 자장면 시켜 먹을까?" 하는데 엄마는 내 눈 앞에서 다시 사라져 버렸다.

돌아가신 후로 엄마 꿈을 가끔 꾸기는 하지만 이렇게 이틀 밤을 연거푸 꿈에 나타나시기는 처음이다. 돌아가신 분이 꿈에 보이면 그 영혼이 편히 계시지 못한 것이라고 주위 사람들이 말했다. 탈상 49일 동안 바치고 끝난 연도를 오늘부터 다시 시작했다. '연옥 벌을 면하고 천상에 올라 천상의 복락을 누리시라는' 기도이다.

엄마는 서른여덟 한창 나이에 홀몸이 되셨다. 사업을 하시던 아버지가 갑자기 뇌졸중으로 쓰러져 서울대 병원에서 수술하던 도중 돌아가셨다. 슬하에 딸 넷에 아들 둘을 남기고 유언 한마디 없이 홀연히 떠난 것이다. 당시 6남매의 맏이인 나는 20세 대학 일학년이었고, 막내는 아버지가 돌아가시고 13일 만에 태어난 유복녀였다. "어찌 살라고…." 영안실에서 아버지의 관이 밖으로 나오자 만삭의 엄마는 관을 붙들고 땅바닥에 주저앉아 땅을 치면서 울부짖었다.

나는 울음을 참느라고 구름 한 점 없는 5월의 맑은 하늘을 바라보았다. 어디선가 은은한 향내가 코끝에 와 닿았다. 아카시 꽃 향기였다. 나는 엄마 생전에 이렇게 흐트러져 통곡하는 모습을 처음 보았다.

아버지는 경기도 개성에서 태어나 20세가 되는 해에 홀

어머니를 모시고 전남 광주로 내려오셨다. 무슨 연고였는지는 알 수 없으나 아마도 개성 상인의 기질을 타고난 아버지가 미지의 땅 광주에서 장사를 하며 삶의 터전을 가꾸겠다는 포부를 갖고 내려오신 게 아닌가 짐작될 뿐이다.

아버지는 24세 때 친고모님의 중매로 17세의 영광 처녀인 엄마와 혼인을 했다. 엄마는 계란형의 얼굴에 눈에 쌍꺼풀이 지고 콧날이 아담하게 솟은 전형적인 동양 미인이었다.

엄마는 어릴 때부터 노래 솜씨가 뛰어났다. 목소리가 얼마나 고운지 국민학교 때부터 담임 선생이 "너는 딴생각하지 말고 노래 공부를 열심히 해서 '이난영', '황금심'을 능가하는 가수가 되어라. 충분히 되고 남을 소질이 있다."라고 격려했다는 것이다. 엄마는 가수가 되겠다는 일념으로 학교를 졸업하자 집에서 노래 연습을 하며 고을에서 열리는 노래자랑에는 빠짐없이 출전하여 상을 독차지하다시피 하며 가수에의 꿈을 키웠다고 한다.

그런데 외할아버지가 갑자기 돌아가시고 집안 형편이 어

려워져, 상급 학교에는 진학하지 못하고 집안 살림을 돕고 있는데, 뜻밖에도 광주에서 혼담이 들어왔다. '가수는 팔자 센 여자가 가는 길이고, 처녀는 마땅한 혼처 생기면 시집가는 것이 복 받는 길'이라는 집안 사람들의 설득에 어린 나이로 아버지에게 시집을 왔다는 것이다.

하지만 그 '온당한 길'은 신혼 초부터 가시밭길이었다. 청상과부인 시어머니의 시기가 상상 밖으로 심했다. 신혼 내외 두 사람이 마주 앉아 밥 먹는 꼴을 못 봐 끼니때마다 두 모자가 안방에서 밥을 먹고 상을 물리면, 엄마는 부뚜막에 혼자 앉아 식은 밥을 눈물을 삼키면서 먹었다고 한다. 신방에서 두 내외의 웃음소리라도 들리면 사정없이 방문을 콱 열고 나와서 시끄럽다고 큰 소리로 야단을 쳤다고도 한다.

결혼 이듬해 첫아기로 아들(그러니까 나의 오빠)을 낳았으나 고된 시집실이 때문에 젖먹일 때 외에는 변변히 품에 안아보지도 못하고, 낳은 지 열 달 만에 그때 돌던 열병으로 잃고 말았다.

첫아기를 잃은 엄마는 주섬주섬 보따리를 쌌나. 영광 친정으로 돌아가 이혼을 할 참이었다. 짐 보따리를 들고 막 대문을 나서는데 중매를 섰던 시고모님이 달려와 짐을 빼앗고 한사코 말리는 바람에 엄마는 보따리를 다시 풀었다는 것이다.

평소 친정 엄마처럼 살갑게 지내던 분이어서 엄마의 두 손을 꼭 잡은 그 손을 뿌리칠 수가 없었다는 것이다. 엄마는 그냥 땅바닥에 털썩 주저앉아 마침내 참았던 눈물을 펑펑 쏟으며 대성통곡을 했다고 한다. 그 통곡은 한 여인으로서의 엄마가 자신의 속절없는 운명을 예감한 통한의 울음이었을 것이다. 마치 아버지의 유해가 출상할 때 엄마답지 않은 산란한 자태로 대성통곡을 한 것처럼, 엄마는 그 뒤 53년의 긴 세월을 '6남매'를 데리고 청상으로 여인의 생애를 마친 것이다.

"그때 내가 친정으로 갔어야 했다. 그랬으면 내 팔자가 이렇게 꼬이지는 않았을 텐데…."

엄마가 한숨과 함께 흘린 넋두리를 들을 때마다 지금의 연로한 엄마의 모습과 가수가 되어 호화찬란한 무대에 서서 노래하는 또 하나의 화사한 엄마 모습이 대비되면서 '여자의 일생'을 좌우하는 운명적인 만남이 어떻게 매듭지어지는 것일까? 하는 생각을 막연히 하곤 했다.

친할머니는 내가 유치원에 다닐 때 돌아가시고, 장사 수완이 좋은 아버지의 사업은 손을 대는 일마다 성공했다. 엄마는 그때 유행하던 비로드 치마에 비단 저고리를 떨쳐입고 예쁜 맵시를 자랑하셨으며, 집안일을 하면서도 타고난 고운 목소리로 「목포의 눈물」이며 「눈물 젖은 두만강」의 노래를 신바람이 나서 부르셨다. 엄마의 노래 솜씨는 어린 내가 듣기에도 감탄할 만큼 훌륭했다. 엄마는 그때만큼 살림에 재미가 붙고 행복한 시절이 없었다고 했다.

그러나 그 행복은 이윽고 물거품처럼 사라져 갔다. 아버지가 사업을 더 크게 벌리기 위해 광주에서 우리 가족을 데리고 서울로 올라온 것이 화근이었다. 사업은 번창하였지만 집 안에는 찬 기운이 흘렀다. 아버지의 행적에 이상이 생긴 것이다. 밖으로 나돌기 시작한 아버지가 며칠씩 집에 들어오지 않을 때가 많아졌다. 들리는 소문에 의하면 주색

잡기에 빠져 사업 일은 아랫사람들에게 맡기고 술집 나들이와 마작을 즐기는 데 돈과 시간을 낭비한다는 것이다. 참다못한 엄마가 언짢은 소리를 해도 아버지는 마이동풍이었다. 엄마의 표정에 웃음기기 사라지며 냉기가 감돌았다.

결국 아버지는 그 무절제한 생활로 인해 건강을 헤쳐서 45세의 한창 나이로 돌아가셨다. 홀몸이 된 엄마는 아버지가 남기고 간 얼마 되지 않은 유산을 아끼고 여투어 우리 6남매를 알뜰히 키워냈다. 오직 근검절약을 밑천으로 우리 남매들을 키우느라 얼굴에 분 한번 안 바르고 새 옷 한 벌 사 입는 법 없이, 그 곱던 얼굴이 볼품없게 주름지던 그때의 모습을 떠올리면 지금도 마음이 아프다.

막내 동생을 대학 공부까지 가르치고 결혼을 시키시고 나서 엄마는 조그만 아파트 한 칸을 얻어 만년을 혼자 지내시다가 91세의 나이로 돌아가셨다. 엄마 살아생전에 1주일에 한 번 꼴로 엄마 드시고 싶어 하시는 반찬이나 과일을 사들고 찾아뵈었다. 한두 시간 앉아 있다가 어둡기 전에 가야 한다고 일어나면 저녁 해 줄 테니 먹고 가라고 붙잡으셨다. 내 차가 아파트 커브 길을 돌아 보이지 않을 때까지 창 밖으로 얼굴을 내밀고 손을 흔드셨던 어머니.

11월 3일이면 떠나신 지 일 년이다. 엄마의 한 많은 일생에 켜켜이 쌓인 설움을 들어드리지 못했고 또 위로해 드리지도 못했다. 좀 더 살가운 효도를 못한 것이 못내 후회가 된다.

원자재 펀드가 뭐예요?

집에 들어온 남편이 기분이 좋아 보였다. 잘 웃지 않는 사람이 웃으며 말했다.

"H은행 팀장이 오늘 만기가 되는 5000만 원을 원자재 펀드에 투자하면 연말에 은행 이자보다 많은 수익이 난다고 사라고 해서 투자하고 왔어."

오래전부터 주식 투자로 솔솔 재미를 보는 나를 지켜보던 남편이 자기도 투자를 했다고 우쭐댔다.

원자재 펀드가 내용이 뭔지도 모르고 투자하면 이익이 난다는 설명만 듣고 투자한 것이다. 투자한 다음 날부터 원자재 펀드는 떨어지기 시작했다. 팀장 말을 굳게 믿은 남편은 연말까지 기다리면 이익이 난다고 생각하는지 편안한 마음이었다.

날마다 떨어지기 시작하더니 12월에 가서는 원금이 반으로 줄었다. 팀장을 찾아가서 아무것도 모르는 노인네한테 연말이면 오른다는 말만 하고 손해난다는 얘길 안 해 주었으니 책임지라고 따지러 갔더니 다른 지점으로 발령이 나서 떠나고 없었다.

"이런 무례한 사람 처음 봤네. 본점에 가서 항의하겠다."는 나를 남편은 말렸다.

지금 원금이 얼마 남았는지 확인해 보지 않아서 알 수 없지만 생각할수록 화가 치밀어 올랐다.

얼마 전 뉴스에 O은행과 H은행이 무조건 투자를 권유해서 원금 일억을 넣은 고객이 다 원금 손실을 봤다는 기사가 났다. 손해 본 고객들이 항의를 해서 금융감독원이 조사 중이라는 기사가 났다.

우리도 H은행에 가서 항의하사는 내 말에 남편은 아무

대꾸도 하지 않았다. 공돈을 기대하다가 좌초한 결과다. 그 사건 이후로 은행에 대한 믿음이 없어졌다. 요즈음은 소시민으로 절약하며 살아간다. 주식에 투자했던 돈도 다 해약했다. 벼락부자 꿈을 내려놓으니 이렇게 편할 수가 없다.

신부님이 우셨다

뿌연 하늘을 이고 비가 세차게 내리붓고 있다. 도로에 흥건히 고인 물이 차들이 지나갈 때마다 사방으로 물소나기를 퍼부었다. 길을 걷는 이들의 걸음새가 조심스럽다. 비를 맞고 살레시오 돈 보스코 회관에 갈 일이 엄두가 나지 않았다. 그만 둘까? 망설임이 앞섰으나 젊은 나이에 먼 길 떠나는 신부님 마지막 길을 배웅해야 할 것 같아 우산을 쓰고 공원을 가로질러 살레시오회 관구 대성당을 향해 걸어갔다.

성당 입구에 '조성대(인드레아) 신부님 장례예식장'이라는 안내판이 서 있다.

곧이어 사제들 입장이 시작되었다. 한 삼십여 분 되는 사제들은 침통한 표정으로 앞만 바라보며 걸어 들어오셨다.

전례자가 말했다.

“오늘은 성금요일 예수님이 십자가에 달려 돌아가신 날이라 장례예절은 드릴 수가 없어 사도 예절로 의식을 거행합니다.”

“입당 성가는 227번 「나는 부활이요 생명이다」입니다.”

성가를 부르는 신도들, 신부님들, 수도자들 모두 목소리가 슬픔에 젖어있다. ‘너희가 가야 할 길이로다’ 이 구절을 부를 때는 보내는 마음이 아려온다.

예식주례는 남상현 신부님이 미사를 집전하셨다.

“이 미사를 통해 우리는 조안드레아 신부를 하느님 품안으로 보내드립니다. 젊은 나이에 많은 할 일을 두고 먼저 우리 곁을 떠나시는 신부님을 생각하니 슬프기 한이 없습니다. 신부님은 눈물을 보이면 안 된다고 했는데 눈물이 납니다.”

제대에서 신부님이 손수건으로 눈물을 닦으시자 식장에 앉은 많은 신자들이 흐느꼈다.

화답 송가는 「주님은 나의 목자」였다.

"주님은 나의 목자시니 죽음의 골짜기를 간다 해도 주님 계시니 두렵지 않네.

그곳은 주님 계시는 곳이요, 거기서 나는 선하심과 자비하신 은총으로 주님 궁에서 영원히 살리라."

주님 대전으로 나간다는 희망의 찬가를 부르자 환희의 기쁨에 슬픔은 잠시 머물렀다.

곧이어 이해동 신부님의 강론이 있었다.

"저는 이 자리에서 조 신부님과 지냈던 추억을 되살리는 얘기들을 나누고 싶습니다."

잠시 신부님은 목이 메어 말을 잇지 못하시더니. 콧물을 닦으시고 눈물을 삼키시며 더듬더듬 말씀을 이어갔다.

"조 신부님은 살레시오회에 입회해서 그해 광수 대건신

학대학에 입학했습니다. 저와 신학대학 동기 신부입니다. 조 신부는 저보다 나이가 한 살 더 많았으나 서로 친구처럼 터놓고 지내자고 조 신부가 제안해서 우리는 허물없는 벗으로 지냈습니다. 조 신부님은 공부를 열심히 했습니다. 운동도 열심히 했습니다. 어린아이들을 좋아해서 만나면 그냥 지나치지 못하고 말을 나누고 놀아주는 자상한 신학생이었습니다.

자신에게는 엄격하여 신학교 규칙을 철저히 따랐으며 부지런함은 누구도 따를 수 없었습니다. 또 강인한 체력으로 모든 일에 솔선수범인 모범생이었습니다. 궂은일에는 앞장서는 헌신적인 학생이었습니다. 사제 서품을 받으신 후 순명, 정절, 겸손이 몸에 밴 사제로서 그 길을 바르게 걸으신 분이셨습니다."

'나는 간이 약해서 너희들보다 10년 먼저 하느님 품으로 갈 것 같아.' 이런 말을 종종 하셨지요.

신부님은 당신의 건강은 돌보지 않으시고 주어진 일에 온 열정을 다 쏟아 부으시며 몰두하셨습니다. 이제 신부님을 떠나보내며 왜 그때 그 말씀을 무심히 흘러들었을까? 걱정을 나누고 좀 쉬시며 몸을 돌보시라 충고하지 못했을까 후회가 많이 됩니다.

평소 '젊은이들이 살레시아인들에게서 바라는 것은 기쁨인데, 우리가 그것을 채워주지 못하면 그들의 꿈도 이끌어내지 못합니다.' 조 신부님이 「살레시오 가족」 5월호에서 남기신 글입니다."

'교육한다는 것은 하나의 문제가 아니라 사랑의 행위입니다.'

이 말은 조 신부님이 사제서품을 준비하면서 자신의 사목표어로 선택했던 말씀처럼 간경화로 몸이 망가지시는데도 대림동공동체 원장(양성장)을 맡아 청소년 교육에 열의를 바치셨고 얼마 전에는 교사자격증을 따셔서 학생지도에 앞장서시려고 하셨습니다.

신부님은 모든 걸 내려놓으시고 이제 후련히 우리 곁을 떠나셨습니다.

조 신부님, 하느님 곁에 벌써 가셨시요, 우리 곧 뒤따라

갈 테니 여기 남은 우리 사제 잘 살도록 지켜주시고 편히 쉬소서."

곧이어 고별식이 있었다. 주례신부님이 유해를 향해 향을 피워 올리고 촛불을 든 유족들의 마지막 인사가 이어졌다.

퇴장성가. 228.

"이 세상 떠난 형제 받아주옵소서. 이제 주를 섬기려 새날을 맞으니…."

사제들, 신자들, 수도자들의 슬픔을 뒤로하고 유해를 실은 영구차는 서울성모 병원으로 떠났다.

생전에 시신을 병원에 기증하시겠다는 신부님의 유언이 있었다. 신부님 떠나신 곳을 바라보며 한참 서 있었다. 장례식에 참석했던 교우들이 흩어지고, 나도 살레시오 회관 밖으로 나왔다. 밖에는 빗살이 거센 비가 계속 내리고 있었다. 우산을 받쳐 들고 보라매공원을 걸어 집으로 오는데 도로에 흥건히 고인 빗물에 바지 밑이 젖었다. 생각이 꼬리를 이었다. 어떻게 내 남은 시간을 보내야 하나? 신부님처럼 잘 살다 가야 하는데…. 내가 세상 떠났을 때 울어줄 친구가 있다면 얼마나 행복할까?

생각이 꼬리를 이어가며 집으로 오는 빗길이 힘들지 않았다.

"신부님! 하늘나라에서 편히 쉬세요."

2
편지

편지

우편함에서 꺼낸 서너 통의 우편물 속에 발신인이 누구인지 알 수 없는 편지가 들어 있다.

주소는 '서울시 우체국 사서함 36-25'.

허영숙 선생님께 드립니다.

편지의 내용은 2008년에 낸 내 수필집 『짝사랑은 이제 그만』에 실린 글 중에서 「가을은 깊어간다」를 읽고 교도소에 무기수가 살 용기를 얻었다는 것이다.

"선생님을 사랑하시는 하느님에게 오늘은 진심으로 용서를 구하고 싶으며 전능하신 그분께서 제 삶을 이끌어 주시기를 소망한다."는 글로 편지는 끝을 맺고 있다.

이 죄수는 28세에 한순간의 혈기를 다스리지 못해 세상에서 가장 소중한 생명을 빼앗은 흉악한 죄를 지었다고 고백하고 있다.

내 글을 읽고 감동 받은 독자가 있다는 사실에 난 신선한 감동을 받았다. 즉시 감사의 답장을 보냈다.

"무슨 말로 지금의 힘든 시간들을 위로할 수 있을까요? 다만 우리는 희망의 끈을 놓지 않고 살아야 한다는 얘길 하고 싶네요. 편지를 잘 쓰시는데 일기를 쓰면 글 솜씨가 늘 것 같으니 글을 써보세요. 꿈꾸세요. 내게도 좋은 날이 오리라고…."

답장이 금방 왔다. 선생님이 믿고 계시는 '좋으신 하느님'을 믿고 싶다는 편지를 받고 성경책과 묵주와 묵주 기도 책도 보냈다.

성경 말씀에 "가장 미천한 이에게 해준 것이 바로 내게 해 준 거라는 말씀"을 떠올리며 뭔가 나도 신자 노릇을 제대로 하는 것 같아 흐뭇했다.

얼마 지나지 않아 "성경 필사를 해서 보낼 테니 받아 주시겠느냐."는 편지가 왔다.

보내도 좋다는 답장을 보냈더니 일주일씩 편지지에 정성껏 쓴 성경 필사본을 보내 왔다. 모아서 책으로 만들어 주고 싶었는데 편지지에 쓴 것은 책으로 만들 수가 없을 것 같아 필사 노트에 쓰라고 노트를 사서 보냈다.

교도소에서 모든 일과가 끝나면 매일 밤 9시부터 2시간을 성경을 쓰고 있다고 했다.

지금까지 무슨 이유로 사람을 죽였는지 그에게 물어보지 못했다.

지난달에 온 편지에는 모범수로 5년 있으면 출소할 예정이며 현재는 직업훈련생으로 기술 연마에 집중을 하고 있다고 근황을 알려왔다.

한번은 자기 사진을 편지 속에 넣어 보내기도 했다. 방통대 입학 원서에 붙인 사진인데 선하고 착한 인상에 약간 키가 큰 훌쭉한 남자였다.

받은 편지가 근 20통이나 된다. 내 편지를 기다리고 있을 그를 생각하면 답장을 써야 하는데 이번에는 '무슨 말을 해야 할까'? 내 짧은 밑천은 동이 난 지 오래다.

꿈 많던 소녀 시절 마음속 깊숙한 곳에 있는 기다림은 '편지'였다. 내면의 외로움은 어디선가 올 반가운 편지를 기다리는 시간들이었다.

많은 편지들이 내 소중함 속에서 얼굴을 내민다. 벌써 오래전에 떠나고 없는 두 친구의 편지들은 읽을 적마다 가슴이 아린다. 교직에 있을 때 제자들이 준 편지는 사랑 덩어리다. "흠모하는 선생님께"로 시작하는 편지를 다시 읽어볼 적마다 미소가 떠오른다. 어버이 날 딸들이 준 예쁜 그림을 곁들인 정겨운 편지는 내 존재감을 굳게 해 준다. 멀리 외국에 나가 있는 벗들의 편지는 날 잊지 않고 있다는 우정의 편지다.

연애 시절 결혼하면 비둘기처럼 다정스럽게 살자고 했던 남편의 편지는 바람 빠진 풍신이다.

외국 여행 중에 내가 아이들한테 보낸 편지는 “잘 있느냐? 잘하고 있겠지?” 교과서적인 편지다.

며칠 전에 온 편지에는 바쁜 훈련 과정이 끝나면 ‘교리를 받고 세례’를 받겠다고 했다. ‘한 마리 길 잃은 양’을 하느님 품안으로 인도하게 되었으니 나도 하느님께 상 받을 일을 한 것 같아 우쭐했다.

로마서 1. 17.

“복음 안에서 하느님의 의로움이 믿음에서 믿음으로 계시됩니다. 이는 성경에 ‘의로운 이는 믿음으로 살 것이다.’ 라고 기록된 그대로입니다.”

성경 필사를 하면서 감명 받은 말씀을 적어 보낸 구절이다.

이 편지의 ‘그’에게 내가 할 일은 끝나지 않았을까?

그의 편지가 소중한 내 함속에 들어가 얼굴을 내밀 때 웃으리라.

그때 참 보람 있었다고.

웃을 자리를 보고 웃어라

오래전 일이다. 방배동 삼호아파트에 살고 있을 때 나는 성당 구역장으로 봉사하고 있었다. 환자 방문, 냉담자 방문, 상가 방문이 주활동거리였다. '가'동에 환자가 있다고 연락이 왔다. 방문을 갔다. 초여름이었다. 베로니카라고 하는 환자는 나이가 사십이 조금 넘은 생활력이 강해 보이는 여인이있다. 그녀는 우체국 공무원으로 맹렬하게 살았다고 했다. 고등학교 국어 선생님인 남편을 서울대학교 대학원 졸업을 시켰으며, 야간 수당을 받기 위해 밤늦게 귀가하는 날이 많았고 돈을 억척같이 모아 두 아들들의 아파트도 벌써 사 놓았다고 자랑을 했다. 국민학교에 다니는 아들들이었다. 한 달 전부터 소화가 안 되어 내시경 검사를 받았는데 위암 초기라고 진단이 나왔으며 금요일에 수술을 받게 되었다고 대수롭지 않게 얘기를 했다. 환자 방문기도와 수술 잘 받으시라는 위로의 말을 하고 돌아왔다. 며칠 있다가 베로니카 남편한테서 만나자는 연락이 왔다. 베로니카는 입원 중이었다.

"배를 열어 보니까 전신으로 암이 퍼져서 수술 못하고 닫았어요, 석 달 남았답니다."

남편은 아주 편한 얼굴로 설명을 하며 환자를 성당 교우들이 돌보아 주기를 부탁했다.

베로니카 돌보기에 레지오 단원들이 발벗고 나섰다. 수술이 잘된 줄 알고 편히 누워있는 환자가 너무 불쌍했다. 청소, 빨래는 도맡아 해주었고 환자가 먹고 싶다는 음식도 해 주었다.

어느 날 방문했을 때 베로니카는 눈이 퉁퉁 부은 얼굴을 하고 있었다. 밥을 먹지 못하는 환자를 두고 남편이 모임에 갔다가 밤 열두 시에 들어왔다는 것이다. 죽어도 좋다는 생각으로 밤새 통곡을 했다는 것이다. 내 몸도 돌보지 않고 가정을 일으켰는데 너무 무성의해서 분하다는 것이다.

그 해는 몹시 더웠다. 환자 돌보는 데 땀이 나고 갈증이 났다. 베란다에는 음료수 박스가 항상 서너 통씩 있었다. 그녀는 음료수 한 통 마시라고 주는 법이 없었다.

병원으로 마지막 가는 날에 그녀는 하얀 원피스를 입고 나왔다. 걸어가면서 뒤를 돌아보기도 했다. 그녀를 부축해서 병원까지 같이 갔다. 며칠 후에 임종이 다가왔다고 연락이 왔다. 우리들은 눈을 감고 가쁜 숨을 쉬는 그녀 머리맡에서 정성을 다해서 임종기도를 바쳤다. 갑자기 그녀가 눈을 떴다. 장 위에 놓인 통을 가리켰다. 그 통 안에는 썰어 놓은 수박이 들어 있었다. 그녀는 우리가 꺼내 준 수박으로 입을 축였다.

기도를 마치고 나온 우리들 중에 누군가가 "목마를 텐데 수고한다고 우릴 주는 줄 알았잖아."라고 말해 모두들 웃음을 터트렸다. 배를 잡고 웃었다. 지금 돌이켜 보면 목숨이 경각에 달린 사람을 두고 나와 웃다니…. '하느님께서 너희들 나빠' 하실 일이다.

부적절한 웃음을 웃은 일들은 '머리'에서 '마음'에서 지워지지 않는다.

나이 칠십이 넘으니 웃음꽃을 피울 일도 웃음엣소리할 일도 줄어든다. 또 주책없는 웃음거리는 생기지도 않는다.

그런데 그때가 그립다.

목소리

어느 날 꿈에 하느님이 나타나셨다.

"내가 너를 진흙으로 잘 빚어 세상에 내보냈는데 마음에 들지 않는 곳이 있으면 소원을 말해 보렴, 한 가지만 들어 줄 테다."

"하느님! 제 목소리를 바꾸어 주세요."

"어떤 소리를 원하느냐? 네가 닮고 싶은 목소리를 가진 배우나 성우가 있으면 이름을 말해 보렴."

어떤 목소리를 고를까? 고심하다가 잠이 깼다.

목소리 때문에 받는 스트레스가 좀 심한 편이다. 딱히 누구 목소리를 닮고 싶은 게 아니라 텁텁하고 굵은 목소리가 싫은 것이다. 외출했다가 집에 들어와서 부재중에 전화기에 녹음된 목소리를 듣게 될 때가 있다. 투박하고 무뚝뚝하며 메마른 소리에 귀를 막고 싶을 정도다. 녹음된 말이 끝나기도 전에 수화기를 내려놓고 지워 버린다.

점잖은 사람이나 품위가 있고 멋있어 보이는 사람과 첫 인사를 나눌 때는 긴장되고 움츠러들어서인지 목소리는 더 탁하고 갈라진 소리를 낸다. 상대편에서 "어마! 인상하고 목소리 딴판이네요." 할 때가 많다. 아기였을 때 잠도 안 자고 칭얼거리며 많이 울었다는데 왜 이런 목소리를 갖게 되었는지 알 수가 없다.

가끔 걸려오는 전화를 받을 때 목소리를 가다듬어 이북 아나운서처럼 가성을 낼 때가 있다. 친구는 "전화 받는 사람 누구세요?"라고 되물어 온다. "나야." 하고 웃으면 친구는 전화 잘못 건 줄 알았다고 하며 덩달아 웃었다.

며칠 전에 전화벨이 울렸다.

"여보세요."

"저 허 여사께 전화 드리는 게 실례가 되지 않는지 모르겠습니다."

부드러운 톤에 정감있는 목소리였다.

가슴이 두근거렸다. 나에게 이런 멋진 목소리를 가진 사람의 전화가 오다니….

"저 김신환입니다."

몇 년 전에 알래스카 크루즈에 갔을 때, 배에 탄 첫날, 정해준 식탁에서 일주일 동안 식사를 같이한 분이었다. 실망감이 스쳐 지나갔다. 용건은 김치 공장을 차렸는데 한번 방문해 달라는 것이었다.

전화 통화를 할 때는 상대방의 목소리를 그려 본다. 전화를 받는 내 목소리가 친절하게 나오지 않을 때는 그 사람에 대한 인상이 머리에 나쁘게 각인된 사람이거나, 아니면 들어주기 곤란한 요청을 했던 사람이거나, 전혀 모르는 사람인 경우다. 없는 애교를 부려 가며 예쁜 목소리를 내려고 할 때는 성당 교우이거나 친구이거나 고마운 사람이다.

나이를 먹으니 목에 뭐가 걸린 것처럼 탁하고 쉰 소리가 나온다. 친정 엄마는 열아홉 살에 날 낳고 홀시어머니의 고된 시집살이를 하느라 울고 보채는 나를 안아 주고 업어주며 달래질 못 한 것 같다.

전화를 받을 때는 다정한 목소리를 내려고 하는데 수화기를 들면 어느 틈에 갈라진 소리로 퉁명스럽게 말하고 있는 나를 보며 한숨을 쉰다.

이제는 포기다. 나이 팔십에 고운 소리도 탁해질 터인데 타고난 목소리를 어찌하겠는가?

조금 전에 전화가 왔다. 음악회에 가자는 전화다.

"감기 들었어요?"

"아뇨. 미세먼지 때문에 비염이 심해져서 겨울 내내 쉰 소리가 나와요."

지금 알게 된 것을 그때 알았다면…

“밥해 줄게 먹고 가라.”

“엄마, 어두워지면 운전하기 힘들어서 가야 해.”

엄마는 열린 창밖으로 고개를 내밀고 차가 아파트를 돌아 입구로 가서 보이지 않을 때까지 손을 흔들었다. 올림픽도로를 달리다 강서구라는 방향표시가 보이면 우회전을 해서 200미터 가다가 좌회전을 하면 엄마가 사시는 가양 아파트가 나왔다.

큰아들이 49세에 심장마비로 죽자 며느리는 재가해 나갔다. 초등학교에 다니던 두 손녀를 기르며 사셨다.

38세에 과부가 된 엄마는 비가 와도 새로운 신발을 사 신지 못하고 무엇을 해서 자식들과 살아가야 하나 노심초사하며 사셨다.

처음에 우리는 용산 산꼭대기에 살았는데 그곳에 성당이 있었다. 수녀님이 종종 청상과부의 딱한 처지를 보고 들통에 밀가루를 하나 가득 담아다 주셨다. 그때 수제비를 끓여서 허기를 면한 기억이 지금도 삼삼하다.

세월이 약이라 했던가. 동생들도 다 가정을 이루고 자식들 걱정에서 헤어 나올 무렵, 엄마는 허리병이 나셔서 허리를 펴지 못하고 잘 걷지도 못하고 아파하셨다.

나의 큰아들이 내슈빌에 MBA 공부하러 갔을 때 우리 집에 와 계셨던 엄마는 내가 미국에서 돌아오는 날 김치냉장고를 청소하시다가 허리뼈가 부러지셨다. 다음 날 병원에 입원하시고 부러진 곳을 메웠지만 그 뒤로 허리에 힘을 받지 못하시고 완전히 노인으로 전락하셨다.

"엄마, 내 방에 핸드폰 두고 나왔어요. 갖다 주세요. 빨리요."

엄마가 느릿느릿 방으로 걸어 가시면 난 그 시간을 참지 못하고 방으로 들어가 핸드폰을 갖고 나오며 "에이, 에이." 혀를 차며 밖으로 볼 일을 보러 나갔다.

엄마는 우리 집에 오셔서 극성맞은 애들 식사도 챙겨 주시고, 나가면 들어올 줄 모르는 내 살림을 다 맡아 주셨다. 냉장고에 사다 넣은 식품이 오래되어 썩는 것도 모르는 딸을 흉보시며 냉장고를 정리해 주셨다. 엄마가 주무시는 방에는 문만 열면 화장실이 있었다. 밖에 나갔다가 들어오면 집안에서 퀴퀴한 냄새가 났다. "이거, 무슨 냄새야?" 엄마 방문을 열면 엄마는 화장실에 가기 전에 흘린 소변이 묻은 속바지를 대강 주물러서 방바닥 여기저기에 널어놓았다. 코앞에 화장실을 두고 소변을 참지 못하시다니…. 에이, 에이, 불평을 쏟아내며 집안에 창문들을 모두 열어 놓곤 했다.

엄마는 롯데백화점 골목에 있는 칼국수를 좋아하셔서 종종 보시고 갔다. 내 걸음을 따라오지 못하는 엄마를 빨리 걸으시라고 짜증을 내도 종종걸음으로 뒤따라오셨다.

내 나이 팔십. 허리가 아파 걷지 못하고 석 달을 병원에 입원했다. 이제는 조심조심 노인 걸음을 걷고 있다. 활기찬 젊은이들이 앞질러 가지만 따라갈 수가 없다. 엉거주춤 구부린 자세로 엄마처럼 걷는다. 화장실 갈 때가 되면 조바심이 나서 미리미리 화장실에 들어갔다 나온다.

자주 엄마 생각이 난다. 난 남편도 있고 아직은 놀 친구들이 있는데 외로울 때가 있다. 노년에 엄마는 가까운 이웃도 없고 친구도 다 떠나 버렸고 혼자 가양동 무인도 섬에서 전화 벨 소리를 기다리며 시간을 보냈다. 일주일에 한 번 엄마를 뵈러 갔던 난 겨우 한 시간 있다가 어두워지면 운전 못한다고 차를 몰고 내 집으로 왔다. 참 무심한 딸이었다.

엄마는 온종일 긴긴 날을 심심해서 외로워서 어떻게 보내셨을까?

“엄마, 걸으셨어. 밖의 복도를 서너 번 걸으셔야 해. 뭘 잡수셨어?”

“입맛이 없어 물 말아서 한 술 떴다.”

“엄마, 김 한 장에 밥을 펴서 김치말이를 해 잡수셔. 맛있어.”

“예전에 맛있던 것도 맛이 없어지고 입맛이 점점 떨어지니 목욕할 기운도 없구나.”

언젠가 엄마 등을 밀어드렸을 때 등뼈가 튀어나오고 뼈만 앙상히 남은 등을 보며 가슴이 아파 등을 밀어드리기가 힘들었다.

지금도 공항 가는 올림픽도로를 달리면 습관적으로 엄마가 사시던 가양동 아파트 쪽을 바라본다.

허리병이 난 뒤로 빨리 걷지도 못하고 행동은 굼뜨고 노인네가 되어 어리어리해진 나를 보며 엄마한테 나쁜 딸 노릇을 한 게 가슴 아프고 후회스럽다.

엄마는 아픈 허리 통증을 참으시며 이것저것 챙기시고 살림을 하셨다.

“엄마! 큰딸은 허리가 아프면 살림도 내 몰라라 하고 자리에 누워 버려요.”

“그때는 몰랐어요. 엄마, 죄송해요. 허리 아픈 병이 이렇게 지독한 줄을….”

70세는 젊은 나이가 아니거든요

며칠 전, 신세계 백화점 정류장에 406번 버스가 도착했다. 우리 아파트 앞을 지나가는 버스다. 차에 올라탔다. 운전석 뒤쪽 세 번째 자리가 비어 있었다. 그 자리에 앉았다. 막 버스가 떠나려고 하는데 나보다 더 연세가 들어 보이는 아주머니가 차에 올라탔다.

"여기 앉으세요."

자리를 양보하자 아주머니는 사양하며 말했다.

"나이가 있어 보이시는데 괜찮으니 앉아 가세요."

재작년부터 지하철을 타거나, 버스를 타면 앉을 자리를

찾거나, 빨리 일어날 눈치가 보이는 사람 앞에 가서 섰다. 한참을 가도 일어나는 사람이 없으면 반대편으로 가서 서서 갔다. 두어 정거장 가다가 보면 바꾸기 전 자리에 앉았던 사람이 일어나서 내리면 은근히 화가 났다.

아니, 내가 허리병만 안 났으면 자리가 비어 있어도 서서 갔는데 허리가 고장 난 뒤로는 앉을 자리를 찾게 되었다. 하기야 팔십이란 나이도 예사 나이는 아니지….

며칠 전 데레사가 지하철에서 생긴 얘기를 했다. 양평에 있는 텃밭에서 가을걷이를 하고 녹초가 되어 서울 집으로 오는 길이었다.

지하철을 탔는데 마침 노인석에 빈자리가 있어서 데레사는 앉고 제 남편은 서서 가는 중이었다.

고단한 참에 눈을 감고 있다가 얼핏 잠이 들었다.

시끄럽게 떠드는 소리에 잠이 깼다. 남편 옆에 서있는 할아버지가 큰 소리도 떠들었다.

"요새 젊은것들은 어른을 알아보지 못하고, 집에서 가정교육을 받았는지, 안 받았는지 예의가 없난 말이야."

데레사는 저분이 누굴 보고 '예의가 있느니 없느니 떠드시나?' 주위를 살펴봐도 그럴 만한 사람이 보이지 않았다.

"새파랗게 젊은 게, 어른이 서있는데도 눈을 감고 자는 척하고 말이야."

듣다 보니 자기를 보고 말하는 것 같아서 자리를 양보하려고 움찔거리니까 남편이 일어나지 말라고 눌렀다.

노인네는 혀를 끌끌 차기도 하며, 혼자 계속 중얼중얼거리며 분을 삭이고 있었다. 몇 정거장을 더 가다가 건너편 젊은이들 앉는 자리에 한 승객이 내렸다. 노인은 한달음에 달려가 그 자리에 앉았다. 화를 끓여서인지 노인은 자리에 앉자 눈을 감고 자는 것 같았다.

내릴 때가 되어서 자리에서 일어났다. 데레사는 어르신 앞으로 걸어갔다.

"나이 칠십 살은 적은 나이가 아니거든요."

잠이 덜 깬 노인은 무슨 말을 하는지 어리둥절한 표정으로 그녀를 쳐다보았다.

"잘 말했어."

우리 모두는 자신이 복수를 한 것처럼 속이 후련해졌다.

할 일 없는 노인들이 일찍 나와서 자리를 차지하고 앉는다고 젊은이들이 불평을 한다는데 어른 노릇을 하는데도 절도와 예의가 필요하다.

하루는 방배역에서 서초역으로 가는 지하철을 젊은 여자와 기다리고 있었다. 지하철 문이 열리자 젊은 여자는 한달음에 올라가 빈자리에 앉았다. 난 등을 돌리고 기둥을 잡고 서서 갔다.

이 모두가 나이 먹어 몸놀림이 둔해진 탓이다!

하느님이 주신 시간

월요일, 레지오 주회 모임에 다녀온 남편이 말했다.

"베네딕도가 오늘 오후 4시에 양지 병원에서 선종했어."

"어마, 오늘 아침에 베내딕도 씨 쾌유를 비는 기도를 빠트렸는데…."

하필 기도를 빠트린 날 돌아가셨다니…. 밤에 선종 기도를 바쳤다.

4년 전에 성당 가는 입구에 있는 아파트로 이사를 왔다. 성당은 걸어서 3분 거리다. 거실 창밖으로 새벽 미사를 보러가는 베네딕도 씨가 보였다. 빠른 보폭으로 힘 있고 활기차게 걸어갔다. 어느 날 성당 행복마당에서 그와 인사를 나누었다.

남편은 베네딕도가 췌장암 4기인데도 잘 이겨내고 있는, 정신력이 강한 사람이라고 했다. 항암 주사를 30번 이상 맞았는데 하루에 만 보씩이나 걷는다는 것이다. 암과의 싸움에서 이길 것이라고 했다. 그날부터 베네딕도 씨 쾌유를 비는 기도를 시작했다.

하느님께서는 췌장암 말기 환자가 매일 새벽 미사에 와서 예수님께 낫게 해 달라고 간절하게 기도드리며 애원하는 '그를' 살려 주실 것 같았다.

입관 예절과 연도를 바치고 온 남편은 조문객이 많아서 한참 기다리다가 연도를 바치고 왔다고 했다.

"입관할 때 베네딕도 씨 편안해 보여요?"

병마와 싸우느라 얼마나 힘든 시간이었을까.

그의 죽음은 많은 생각을 하게 했다. 삶은 하느님이 주신 시간만큼 사는 것이라는 생각이 들었다.

현대 의술이 발달했지만 암이 완치된 경우는 없다. 다만 생명의 연장만 있다. 인류를 위해서 공헌한 꼭 살아야 할 소중한 사람도 젊은 나이에 데려가고, 오랜 질병에 몸이 망가져서 가족들의 도움 없이는 하루도 살아갈 수 없는 노인들을 붙잡아 두는 경우를 많이 본다.

장례 미사가 수요일 10시에 성당에서 있었다. 레지오장이 엄숙하게 거행됐다. 감기 기운이 있어 장지에 동행하지 못했다. 영구차 뒤 트렁크에 실려 가는 그를 보며 한탄했다. 이 추운 날 따뜻한 세단에 모셔야지.

강남 추모 화장장에서 화장하고 용인 개인 공원묘지에 안장하는 것까지 보고 온 남편은 허망함을 말했다. 땅에다 납골함까지 묻지 않고 가루만 땅속에 묻었다는 것이다. 그날 밤잠을 설쳤다. 씩씩하게 걷던 그의 모습이 눈에 선했다.

난 9년 10개월째 투병 생활을 하고 있다. 기스트라는 희귀 종양이다. 12월 23일 CT 사진을 찍고 27일 주치의를 만났다. 모니터에 뜬 복부 사진을 보던 선생님은

"종양이 또 생겼네요. 글리벡을 다시 드세요."라고 말씀

하셨다.

의사 선생님의 설명을 듣고 약간 미소를 띤 얼굴로 진료실을 나왔다. 병원에서 돌아온 날은 잠들지 못하고 뒤척였다. 약의 부작용이 심해서 약을 먹는 동안 많이 힘들었는데 또 약을 먹어야 한다니…. 2년 동안 약을 끊고 종양이 안 생기면 약을 아주 끊는다고 했는데…. 5개월을 남겨 두고 또 종양이 생긴 것이다.

살아온 세월을 뒤돌아보며, 후회하고, 원망하지 않고 하느님께 온전히 맡기고 기도하고 또 기도하고 살아온 세월이다.

다음 날 아침, 약을 챙겨 먹는 '나'를 보며 생명에 대한 애착으로 결심이 쉽게 무너지는 '진정한' 내가 거기에 있었다.

하느님이 내게 주신 시간은 내게 얼마나 남았을까?

효자동 김치과

셋째 동생한테서 전화가 왔다.

"언니, 치과 선생님 돌아가셨대. 삼일장도 지났대. 어제 잇몸 치료하러 치과에 갔는데 문이 잠겨 있어서 옆에 있는 이비인후과 간호사에게 물어보니까, 환자 치료하다가 돌아가셨대."

전부터 선생님이 '전해질' 부족으로 병원에 다닌다는 얘기는 들었지만 그렇게 쉽게 세상을 떠나실 줄은 몰랐다.

김치과 원장은 친한 언니 시동생이었다. 손이 섬세해서 이를 꼼꼼하게 잘 고친다는 말을 듣고 45년을 다녔다. 남편이 부산으로 전근을 갔을 때 이에 탈이 났다. 비행기를 타고 이를 치료하러 서울로 왔다. 아이들 둘이 국민학교에 다니고 있었고, 막내는 네 살이었다. 당일로 부산으로 가야 한다는 얘기를 하고 진료 의자에 앉아 4시간 입을 벌리고 치료를 받았다. 부산으로 내려온 다음 날 아침을 먹는데 입이 반만 벌어지고 숟가락이 입안으로 들어가지 않았다. 다음 날 또 서울 가는 비행기를 탔다. 선생님은 한참 입속을 들여다보더니 잇몸에서 조그만 이 조각을 핀셋트로 끄집어냈다. 부산의 큰 병원에 가서 입 벌리는 치료를 받으라고 했다. 매일 대학 병원으로 가서 뜨거운 타올로 입 주위를 감싸고 입 벌리는 동작을 시작했다 한 열 번쯤 입 벌리는 운동을 했더니 밥숟가락이 입 속으로 들어갔다.

치과에 가는 날은 집에서 효자동까지 버스 타고 가는 시간이 한 시간 걸리고 대기 환자가 많아서 종일 치과에서 시간을 보냈다. 마침 동네에 종합 병원이 들어왔다. 치과를 옮겼다. 어느 날 어금니 통증이 심해져서 잠을 설치고 아침에 다음 날 특진 신청을 했다. 담당의사는 박사 여교수였다. 어금니 찍은 사진을 보여주며 뿌리까지 썩었으니 발치를 해야 한다고 했다. 예약 날짜를 잡고 진료비도 미리 내고 왔다.

효자동 김 선생의 소견을 들어 보고 이를 뽑아야겠다고 상담을 하러 갔다. 선생님은 워낙 뿌리가 많이 상해서 이를 살릴 수 있을지 자신은 없지만 해보자고 했다.

일주일에 세 번 잇몸 치료를 하러 치과에 가는 일은 쉽지가 않았다. 아침 8시 치과 문이 열리기 전에 가면 복도 의자에 노트가 놓여 있다. 그 노트에 도착 순서대로 이름을 적어 놓고 기다리면 9시에 치과 문이 열렸다. 적힌 순서대로 진료 의자에 앉아 치료를 받았다. 워낙 꼼꼼하게 이를 고치느라 환자 한 명당 치료 시간이 한 시간 이상 걸렸다.

아침에 가면 한나절이 걸리고, 오후에 가면 가로등이 켜질 때 집에 돌아왔다. 기다리는 시간에는 잡지를 읽거나 졸거나 하며 시간을 보냈다.

치과 시설은 50년 시설 그대로였다. 구닥다리 진료 의자에다, 이를 찍는 촬영실이 없어서 입속으로 손가락 두 개를 넣어서 필름을 누르고 있으면 원장실에서 간호사가 셔터를 누른다. 선생님은 필름을 보며 판독을 한다. 명의라고 소문이 나서 환자들이 몰려온다. 건물도 옛 건물이다. 우중충한 계단을 올라가면 화장실이 있다. 이를 닦아야 하는 날, 냄새나는 화장실에서 병원에서 준 종이컵에 물을 받아 양치질을 해야 할 때는 구역질이 나는 걸 겨우 참고 이를 닦았다.

한곳에서 몇 십 년 치과병원을 하면서 동네 극빈자들은 무료로 치료해 주는 따뜻한 인정이 있는 선생님이라고 소문이 났다.

요즈음 새로 개원한 치과는 실내에 들어가면 클래식 음악이 흘러나오고, 자동 시설이 된 최신 의자에 누워 화사한 가운을 입은 간호사의 친절에 몸을 맡기면 된다.

남편이 냄새 나는 환자들의 입속을 들여다보고 치료하는 동안 사모님은 매일 아침 미장원에서 드라이한 단정한 모습으로 대기 환자들과 입담하느라 바빴다.

혹시 옛 치과도 박물관에 보존할 필요가 생기면 효자동 치과가 딱 맞는 치과다.

냄새나는 환자들의 입속을 마스크 쓰고 들여다보며 간혹 "에이!" 짜증스런 소리를 내기도 하시던 선생님 옆에서 환자들과 입담을 나누며 웃고 떠들던 사모님이 진료 도중에 쓰러진 선생님을 보며 얼마나 놀랐을까?

며칠 전부터 이에 탈이 나서 치과에 다니고 있다. 얼굴을 초록색 보자기를 덮고 입을 벌리고 치료를 한다. 치료의 공포가 덜하다.

김치과는 깊은 영상으로 내 마음에 각인된 치과다.

화천 산천어 잡으러 가자

1월 17일자 중앙일보 24면에 '화천 산천어축제' 사진이 한 면을 다 차지하며 실렸다. 얼음 벌판을 가득 메운 관광객들이 산천어 얼음낚시를 즐기는 사진이다. 이날 하루 22만 명이 넘는 사람들이 다녀간 것으로 집계되었다.

신문에 난 사진은 화천에 산천어를 낚시하러 가고 싶은 욕망을 불러일으켰다.

이 년 전 그때도 산천어 축제 사진이 신문에 났었다. 우리도 산천어 잡으러 가자고 식구들을 동원했다. 차 두 대로 화천 산천어 축제장엘 갔다. 놀러 가는 날은 아픈 허리도 견딜 만했다. 많이 잡히면 집에 와서 구워 먹어야지, 야무진 꿈을 갖고 갔다. 9시에 떠나 산천어 축제장에 12시경 도착했다. 주차할 곳이 없어서 사위 둘은 주차할 곳을 찾아다니고 우리들은 먼저 얼음 벌판으로 조심조심 걸어 들어갔다. 그때 트럭에서 비닐봉지에 담긴 물고기를 내리더니 강입구 물속에다 쏟아 붓는 것을 목격했다.

뚫어 놓은 얼음 구멍을 찾아서 간이 의자를 놓고 낚싯줄을 샀다. 낚싯줄에는 노란 빛의 플라스틱 붕어 밥이 매달려 있었다. 얼음 구멍에 낚싯줄을 넣고 옆사람이 하는 것처럼 팔을 위아래로 흔들며 고기가 낚싯밥을 물 때를 기다렸다. 열심히 팔을 흔들어 대는 걸 고패질이라 한다는 것도 신문기사를 보고 알게 되었다.

주위에서 고기 잡았다고 소리 지르는 사람이 한 사람도 없었다. 어떤 아가씨는 서서 낚싯줄을 흔들며 춤을 추기도 하고, 나름대로 고기가 미끼 물 때를 기다리는 모양은 각양각색이었다.

원래 낚시터에 가면 낚싯대에 찌가 물 때까지 끈질기게

인내하는 남편은 계속 물질을 하고 있고 고기가 안 잡힌다고 손자는 낚싯대를 옆에 놓고 하품을 했다.

한 시간 이상 물질을 하던 남편이 얼음 구멍 속을 들여다보더니 "고기가 물속에 한 마리도 없네."라고 말해 나도 덩달아 얼음 구멍을 들여다봤다. 물속에서 유영하는 고기는 한 마리도 없고 푸른 강물만 출렁거렸다.

남편은 낚싯대를 말아서 옆사람에게 주고 일어났다. "아침부터 고기 잡으러 화천을 가자고 바람을 넣었는데, 이 꼴이 뭐람. 이거 사기다." 툴툴거리며 얼음 축제장을 빠져나왔다. 산천어를 잡으면 구워서 점심을 먹자고 했는데 계획이 차질이 생겼다. 배가 많이 고팠다. 춘천으로 방향을 돌렸다.

춘천에 도착해서 늦은 점심을 닭갈비로 먹고 서울로 떠났다. 어디서 22만 명이 한 마리씩 잡을 수 있는 산천어를 구한단 말인가? 슬슬 잠이 왔다.

얼음 빙판 위, 수많은 낚시꾼들 속에서 얼음 구멍을 들여다보며 한 시간 이상 고패질한 것으로 오늘 화천 산천어 고기 잡은 것에 의미를 두자는 생각을 하며 잠에 빠져들었다.

건망증과 치매

테가 까만 돋보기안경을 어디다 두었는지 찾을 수가 없다. 벌써 한 달은 된 것 같다. 안경을 쓰고 뭘 읽다가 어디다 두었는데 나오질 않는다.

얼마 전부터는 둔 곳이 생각나지 않으면 애써 찾으려고 하지 않고 시간이 가다 보면 엉뚱한 데서 나오는 걸 여러 번 경험했기 때문에 그때를 기다리기로 했다. 그런데 검은테 안경은 꼭꼭 숨어서 나오지 않는다. 오늘은 안경이 있을 만한 곳은 다 뒤져 보았으나 찾지 못했다.

'건망증'은 "기억력이 장애를 받아 어떤 기간 중의 경험을 전혀 추상할 수 없는 병증이며 사물을 잘 잊어버리는 성질"이고, '치매'는 "언어 동작이 느리고 정신 작용이 완전하지 못하고 사회생활을 영위하기 위해서 필요한 정신적인 능력이 상실된 상태다."라고 국어사전에 나와 있다. 내 증세는 뇌세포의 감소로 일어나는 노인성 건망증인데 정도가 심해지니 '내가 왜 이러지?' 소리가 절로 나온다. 옛날에 좋아했던 배우 이름이 입에서 나오지 않고, 가물가물 기억 저편에 있을 때 피식 웃음이 난다. 또 맛있게 먹었던 요리 이름, 감동했던 소설 제목, 친한 친구 이름 등등 실수 아닌 실수로 막막해질 때가 빈번하다

어제 저녁 식탁에서 남편과 저녁을 먹을 때였다. 며칠 전 용인에서 택배로 온 김치 대금을 송금했느냐고 남편한테 물었더니, "내가 말해 주었지. 돈도 보냈고 주인과도 통화했다고." 하는 것이다. 난 안 들었다고 하고 남편은 말했다고 우겼다. 저녁밥 먹은 게 소화가 안 될 지경이었다. 우리 두 내외는 나이 칠십이 넘으면서 '들었다' '안 들었다'로 시비가 종종 생긴다. 내가 '깜빡'하는 건 건망증이고, 그이가

핸드폰을 집에 두고 나갔다가 다시 찾으러 오거나 자동차 키를 둔 곳을 모르거나 친구와 약속한 날을 잊어버리거나 하면 혹시 '치매'가 아닌가 걱정이 된다.

좀 심했던 깜박 사건은 외국 여행을 가면서 면허증과 주민등록증을 깊숙한 곳에 잘 넣어 두었던 사건이다. 한 달 여행을 끝내고 돌아와 넣어둔 곳이라고 믿고 있었던 곳을 열었더니 그곳에 없었다. 당황해서 있을 만한 곳을 온종일 다 뒤졌으나 나오지 않았다. 언젠가 나오겠지, 여유 있게 석 달을 기다렸다. 면허증이 없으니 차를 몰고 나가기가 불안하고 관공서에 가면 증명서가 없으니 일처리를 할 수가 없었다. 그만 포기하고 분실신고를 하려고 나가다가 장속에서 핸드백에 넣을 휴지를 꺼내는데 그 속에서 흰 비닐에 싼 면허증과 주민등록증이 나왔다. 아주 허술한 곳에 넣어 둔 것을 모르고 중요한 것을 넣어둔 깊숙한 곳만 찾은 것이다. 그 사건은 아직도 남편이 모르고 있다.

어느 날, 남편은 친구가 만나자는 전화를 하고 약속 장소와 날짜까지 알려 주었는데 그날을 깜박하고 나가지 않은 적도 있다. 아직은 내 기억이 더 정확하다고 믿는다. 끝까지 안 들었다고 우기면 남편 얼굴을 빤히 쳐다보는 걸로 끝낸다.

얼마 전에 그냥 넘어갈 수 없는 큰 사건이 생겼다. 말레이시아에 살고 있던 남편 친구가 여름에 세상을 뜨셨는데, 그 부인이 남편 친구들 가을 야유회 행사에 찬조금으로 내게 50만 원을 주었다. 야유회 아침, 남편한테 돈을 주면서 동창회장한테 전하라고 했다. 돈이 잘 전달되어 회장이 고맙다고 인사까지 했다는데, 남편은 그런 심부름을 한 기억이 없다는 것이다. 이번 경우에는 좀 심하다 싶어서 서울성모병원 신경외과에 치매 검사를 의뢰했다. 남편은 자기를 치매로 몰아간다고 많이 기분 나빠했으나 검사에 응했다. 검사 비용이 27만 원이나 드는 정밀검사였다. 남편은 의사 선생님 방에서 나는 복도 의자에 앉아서 설문지에 답을 썼다.

일주일 후에 결과를 보러 갔다.

'기억력이 젊은 사람처럼 좋다.'는 의사 선생님 말에 남편은 나를 곱지 않은 시선으로 쳐다보았다.

“치매 걱정 안하셔도 됩니다.”

병원 커피숍에서 커피를 시켜 놓고 남편은 인상을 쓰며 나를 공격했다. 다시는 ‘치매’ 소리 꺼내지 말라고 엄포를 놓았다.

어제 동회 구민회관에서 치매 검사를 했다. 질문자들이 상노인 취급을 하는 것 같아서 정신을 바짝 차리고 묻는 말에 대답을 척척 했다. 만점이 나왔다. 치매 검사에 만점을 받았다고 자랑을 했더니 자기는 101점을 받을 거라고 웃었다.

저녁에 고등어조림을 먹고 냄비에 남은 걸 끓여 놓자고 남편이 가스불을 켰다. 친구와 수다를 떠는데 고등어조림이 타는 냄새가 났다. “가스불 끄세요.” 큰 소리로 말했다. 부엌에 가서 보니까 새카맣게 탄 냄비에는 물을 가득 부어 놓았고 타다 남은 고등어 두 토막은 다른 냄비에 담아 놓았다.

남편은 보일러를 켜 놓고 나갈 때가 종종 있다. 보일러를

끄지 않고 나가면 벌금 만 원, 전깃불 안 끄고 나가면 벌금 이천 원으로 정한 뒤로는 실수를 거의 하지 않는다.

내 까만 테 돋보기안경을 어디다 두었는지 일주일째 찾지 못하고 있다. 혹시 내가 치매로 가는 건 아닐까? 걱정이 되었다.

어느 날 집안을 뱅글뱅글 돌던 로봇 청소기가 돋보기를 물고 나왔다.

평생 해로하고 마지막 헤어질 때까지 맑은 정신으로 살아간다면 더 무엇을 바랄까?

반시

남편이 어제 '반시' 한 상자를 들고 들어왔다. 상자 속에는 껍질을 벗긴 납작감이 얼은 상태로 20개 들어 있다. 매주 화요일에 만나는 고등학교 친구들 모임에서 연말에 부인들한테 보내온 선물이다. 작년에는 회비를 저축한 돈으로 친칠라 목도리를 선물했다. 친칠라 목도리는 목에 두르면 이리저리 휘둘리는데 길이가 짧아서 고정이 되지 않았다. 그래도 그 목도리를 자주 하고 나간다. 남편들이 부인들을 생각하고 한 선물이라 고마워서다.

남편 모임은 여러 개 있지만 이 모임은 건전하고 따뜻하다. 나오고 싶은 친구들이 매주 화요일에 모여서 회비를 만 원씩 내고 소박한 점심을 먹은 다음에는 차를 한 잔 마시면서 영화 얘기, 음악 얘기, 세상 돌아가는 얘기들을 나누고 감명 깊게 본 영화나 오페라를 복사해온 친구가 DVD를 나누어 주기도 한다.

우리 부부는 남편이 매주 화요일마다 들고 들어온 영화나 오페라를 감상하며 밤의 무료함을 달랜다. 참 고마운 친구들이다.

금년 한 해 동안 받은 선물들을 떠올린다. 10월 내 생일날 미국에서 아들네 집에 다니러 온 친구가 선물한 화사한 머플러, 독일에 살고 있는 국민학교 친구가 소포로 보내온 강력 비타민과 초콜릿, 일산에 사는 친구가 사준 닥스 양말 세트, 추석 명절에 들어온 과일 상자들, 결혼기념일에 남편이 선물한 양란 화분, 수녀님이 주신 묵주, 기도책, 입맛이 없어 식사를 잘못하는 나를 위해 부산에서 어묵을 보내준 친구, 어느 것 하나 소중하지 않은 선물이 없다. 그러나 그중에 제일 고마운 선물은 정성이 들어간 선물이다.

명절이면 상인들은 명절 대목을 보려고 과일 상자를 산더미처럼 싸놓고 판다. 개중에는 물건이 오래되어 상한 것도 있다. 바삐 선물을 고르는 손님은 내용을 확인하지 않고 사 가는 경우가 있다.

오래전 대학 후배가 추석에 사과 한 상자를 선물로 보냈다. 지금도 눈에 선하다. 상자 속에 들어있던 사과는 성한 사과가 한 개도 없는 썩은 사과로 채워져 있었다. 썩은 사과에서 나온 진물이 상자 속에 흥건히 고여 있었다. 보낸 사람한테는 전화로 고맙다는 인사를 했지만 기분이 안 좋았다.

한번은 밤농사를 짓는다는 분이 밤 한 말을 선물로 보내왔다. 징그러운 하얀 벌레가 실실 기어 나오는 밤을 버리느라 애를 먹었다.

내가 준 선물이 받은 사람에게 기쁨을 준 적이 있었을까? 선물을 보낼 때는 받을 사람이 좋아할 선물을 고르느라 많이 생각을 한다.

금년 여름은 무척 더웠다. 13년 살던 신대방동에서 반포

아파트로 7월에 이사를 했다. 집들이는 안했다. 많은 사람들이 다녀갔다. 점심을 대접하기도 했고, 식당에 자리를 마련하기도 했다.

어느 날 가깝게 지내는 수녀님 다섯 분이 새 집에 축복기도를 하러 오시겠다는 전화를 받았다. 수녀님들한테 선물을 드리고 싶었다. 궁리 끝에 인조 잠옷을 준비했다. 선물을 받은 수녀님들은 기뻐하셨다. 금년 여름 더위는 거의 살인적인 더위인데 인조 잠옷을 입고 자니 어찌나 시원한지 잠을 잘 주무신다는 것이다. 수녀님들이 기뻐하시니까 나도 덩달아 기뻤다.

11월에 스페인 바르셀로나에서 대서양을 횡단하는 크루즈 여행을 했다. 가까운 이웃들에게 무엇을 정표로 줄까? 볼펜을 골랐다. 파란 물빛 속에 크루즈 배가 유영하는 볼펜이나. 20개를 사왔는데 주고 싶은 사람이 많아서 모자랐다. 선물을 받은 사람들이 기뻐하면 선물을 준 내가 더 기쁘다.

내가 그동안 받은 선물들에 대해 생각해 보았다. 남편 직장 부하가 해외 출장 갔을 때 사다준 명품 머플러들, 남편이 생일에 선물한 명품 핸드백, 아이들이 생일이나 어버이날에 사준 구두, 잠옷, 원피스, 친구가 준 예수님 고상, 초, 노벨상 받은 소설, 양장점에서 준 브로치, 고급 나무 필통, 명절마다 들어온 과일세트, 갈비세트, 한과상자, 곶감상자, 굴비세트 등 종류가 다양했다. 스승의 날에 받은 꽃바구니 등 많은 선물을 받았다.

선물을 받았을 때 감동했던 선물은 '나'를 위해 많이 생각하고 준비한 선물이었다. 오래전 친구가 글을 쓰라고 대문 밑으로 넣어준 연초록색 노트는 너무 아까워서 글을 쓰지 못하고 몇 십 년 보관하고만 있다.

누가 무얼 선물로 주든지 고맙고 감사한 마음이었다. 선물 받은 물건이 쓰임새가 없어서 다른 사람에게 주더라도 날 생각하고 준비해서 주는 그 마음이 감사할 뿐이다.

3
성삼 마을

역사 탐방은
-백두산, 고구려 유적지-

중국 동쪽 지방 심양에 도착했다. 본계수동에서 단동으로 이동해서 압록강 유람선을 타고 위화도, 월량도를 관람하고 배가 이북 땅 가깝게 다가갔다. 바닷가에서 무엇인가 줍고 있는 북한 동포들을 봤다. 까맣게 그을린 무표정한 얼굴들은 쉽게 지워지지 않는 무게로 가슴 깊이 가라앉았다. 압록강 끊겨진 철교 건너 뻔히 바라다 보이는 신의주 땅을 바라보며 분단의 깊은 벽이 무겁게 가슴을 짓눌렀다.

둘째 날, 올라가 본 호산장성산성은 고구려가 당의 침략에 대비하여 쌓은 성을 중국은 자기네 만리장성의 일부라고 주장한다고 가이드는 설명했다.

셋째 날은 집안에서 송하강까지 버스로 2시간 달렸다. 고구려의 자존심 그곳에 광개토대왕비가 있었다. 광개토대왕은 역사상 최고의 정복 군주요, 가장 위대한 고구려의 왕이다. 비신에는 1775자의 비문이 음각되어 있는데 고구려 건국 과정과 광개토왕의 대외 정복사업과 업적 수묘 체계 등 세 부분으로 나누어졌다. 한민족 최대 영광 시대를 이끈 광개토왕릉은 보존이 잘 되지 않은 상태였다. 동방의 금자탑 장수왕릉은 집안에서 남아있는 1만 2천여 개의 묘지 중에서 유일하게 완전한 상태를 유지하고 있는 능이다.

저녁 식사를 북한 식당 묘향산에서 했다. "반갑습니다."로 시작한 북한 처녀들의 고운 노래는 "또 만납시다."로 끝을 맺었다. 무대 위에서 노래 부르던 처녀가 밑으로 내려와 내 손을 꼭잡아주고 무대 위로 올라갔다. 우리는 배달 한민족인데 지금 헤어지면 만날 길이 없다는 현실의 벽을 느낄 수 있었다.

역사 탐방 사일째 백두산 북파로 이동했다. 가이드는 화장실을 다녀오라고 시간을 주었다. 들어간 문으로 나오라고 했는데 반대 문으로 나갔더니 철책 담 안으로 들어가 나갈 수가 없게 되었다. 화장실에 빠져서 못 나오는 줄 알고 가이드는 내 이름을 부르며 화장실을 샅샅이 뒤졌다는 것이다. 그곳은 백두산 들어가는 관광객들 비자 심사를 하고 들여 보내주는 장소였다.

우리 일행은 9인승 미니버스를 타고 백두산 천문봉을 향해 차는 경사가 심한 꼬불꼬불한 길을 숨차게 올라갔다. 좌로 우로 몸이 쏠리며 중심을 잡을 수가 없었다. 차가 멎었다. 백두산에 야생화가 많다는데 둘러볼 여유가 없었다. 낮게 내려앉은 구름을 보며 백두산 천지를 보지 못 할까 걱정이 앞섰다. 정상을 향해 걸음을 재촉했다. 그때였다. 활짝 갠 하늘을 이고 천지가 눈앞에 열렸다. 순간 가이드를 붙잡고 소리를 질렀다.

"천지다!"

백 번 와서 두 번 보고 간다 해서 백두산이라는 우스갯소리도 있는데 난 두 번 만에 천지를 보았으니 복 많은 사람이다. 천지를 넣고 사진을 이쪽저쪽에서 찍고 있는데 가이드가 하산을 서둘렀다. 아쉬움을 뒤로하고 내려오면서 뭔가 좋은 일이 많이 생길 것 같은 느낌이 들었다.

하루에 수만 명의 관광객이 백두산 천지를 보러온다는데 관광 수입이 얼마나 될까. "동해물과 백두산이 마르고 닳도록 하느님이 보우하사 우리나라 만세" 애국가 가사가 떠오르며 백두산이 우리 백두산인데 왜 중국에서 백두산 천지를 봐야 하는가, 역사적인 사건들이 억울하고 원통했다. 차량을 기다리는 동안 가이드는 멀리 보이는 벌판을 가리키며 말했다.

"저기가 만주 벌판이에요."

기다란 검을 찬 광개토대왕이 흰말을 타고 끝없이 펼쳐진 만주 벌판을 흙먼지 바람을 일으키며 달린다. 윤기 흐르는 검은 말을 탄 장수왕이 큰 검을 휘두르며 달린다. 저기는 고구려의 첫 수도 졸본성이 있었다는 요새 오녀 산성! 저기는 고구려 수도가 자리했다던 국내성 성벽.

삼국 시대 '나당'이 연합해서 고구려를 정복하고 삼국을 통일했는데 만약 그때 고구려가 삼국을 통일했더라면 저 넓고 넓은 땅덩이가 지금 우리나라 땅이 아닐까? 꿈에서 깨어나자.

달린다! 버스가 우리 조상들이 정복했던 광활한 대지를 달린다.

역사탐방은 하루에 버스를 10시간 타는 긴 여행이었다.

중국은 960만㎞요, 우리나라는 22만㎞다.

역사탐방은 과거에 우리 발자취를 돌아보게 하며 절절하게 다가오는 하나되는 통일을 염원하는 바람으로 끝을 맺었다.

성삼 마을
-성부, 성자, 성령-

2년째 안국동성당에서 신부님 모시고 성서 백 주간을 공부하는 벗들에게 꼬부라지고 볼품없는 오이 열 개를 한 개씩 나눠 주었다. 이 오이는 무공해야. 전원주택 텃밭에서 어제 처음 땄어.

17년 전 고등학교 친구 따라 평창동 피정의 집에 갔다. 기 은퇴하신 노신부님을 처음 뵙게 되었다. 키가 크고 인물이 훤한 미남 신부님이셨다. 피정을 받으러 온 사십여 명의 신자들은 신심이 깊은 사람들로 보였다. 신부님은 설명하셨다. 이천 백사면에 있는 사과밭 오천 평을 샀는데 그 땅은 기가 넘치고 물은 지하수인데 수질검사에 합격한 생수며 공기가 맑은 청정 지역이라고 했다. 그곳에 유대인 공동체(사도행전 4장 초대 교회의 공동체 생활)를 만들겠다는 청사진을 제시했다. 이십팔 세대를 모집한다는 신부님의 말씀에 노년의 복된 생이 보장된 그곳에 살면 좋을 것 같았다. 친구와 같이 신청을 했다.

공사를 하는 도중에 IMF가 터졌다. 업체가 부도를 내고 잠적해 버렸다. 대금을 못 받은 하청업체들은 평창동 피정의 집 골목에 플래카드를 매달아 놓고 시위를 했다. "밀린 공사 대금 내 놔라, 천주교 신자들은 각성하라, 불쌍한 영세업자 돈을 떼어 먹다니…. 신부님은 책임져라." 입주 희망자들은 공사비를 신부님 구좌로 입금을 끝낸 상태였다.

매일 시위꾼들은 골목을 점령하고 소란을 피웠다. 공사비 내놓으라는 내용 증명이 신부님 앞으로 배달이 되고 법정에 서신 신부님은 공사 대금을 다 건설회사에 주었다는 대답만 되풀이했다. 전원주택은 마무리가 안 된 상태로 소송에 휘말리며 혼란 속에 있을 때 남편한테 신부님이 남편한테 수습해 달라고 간곡하게 부탁을 했다. 남편은 업자들과 협상을 하며 공사비를 추가로 걷어서 마무리 공사를 했다. 우여곡절 끝에 십 개월 만에 등기를 하고 입주를 하게 되었다.

함께 모여 공동 식사를 하고, 기도생활을 하며 내 것, 네 것 구별하지 않고 나누어 먹고 대문도 세우지 않고 옆집 사이에 담도 쌓지 않고 살게 된 '평화의 마을'이 된 것이다.

공동회관을 못 짓고 공사가 끝났다. 토요일은 각자 집에서 저녁을 먹고 회원들 집에 모여 포도주 한 잔씩을 마시며 담소를 나누었다. 주로 내용은 공사비가 많이 들었다는 불평을 늘어 놓는 자리가 되었고 신부님과 측근들을 성토하는 시끄러운 모임으로 매번 끝이 났다.

물에 빠진 사람 건져 살려 놓으니까 내 보따리 내놓으라는 꼴이었다. 집 등기도 못 하고 공중에 뜬 집을 찾았는데 모이기만 하면 헐뜯는 말들로 시간을 보냈다. 초심대로 살아가게 될 날이 올 줄 알았는데…. 전원주택에 같이 살게 된 분들은 사회적으로 명망이 높고 존경받아온 분들이며 신부님을 따르고 믿음이 좋은 모범적인 신앙인들이었다. 이해를 못 하고 불평을 계속 터트리니 견디다 못한 신부님이 동네를 떠나셨다. 돌아가실 때까지 한 번도 전원주택에 내려오지 않으셨다.

우리 부부는 희망을 갖고 주말이면 전원주택에 내려갔다. 눈이 오나 비가 오나 한 주도 거르지 않고 갔다. 이천 톨게이트를 지나서 십 분을 가면 전원주택의 빨간 지붕이 보였다. 늘 가슴이 설레었다. 도착하면 맨 먼저 텃밭으로 갔다. 지난주에 새끼손가락 크기로 자랐던 오이가 일주일 사이에 십 센티 크기로 자랐다. 한 개를 따서 먹었다. 입 안에 단물이 고였다. 꽃이 피어 있던 고춧대에는 작은 고추가 앙증맞게 매달려 있다. 지난 주말에 곁가지를 따 준 토마토 나무에는 꽃이 여기저기 달려 있다. 다음 주에는 토마토 맛을 볼 것 같다. 따서 먹기에 좀 작게 자란 상추를 한 주먹 따서 쌈을 맛있게 먹었다. 서울에서 볼 수 없는 까만 밤하늘, 초롱초롱한 빛나는 별들을 바라보며, 시원한 밤공기를 가슴 속 깊이 들이마셨다.

하늘나라에 계신 신부님이 오해들을 내려놓고 한 마음이 되어 '성삼 마을'에서 잘 살아가길 기도하고 계신다고 믿으며 17년을 전원주택에 꿈을 버리지 못했다.

세월이 가면서 한 집 두 집 그 마을을 떠나기 시작했고 새로 이사 오는 사람들은 믿음의 공동체와는 거리가 먼 무신론자와 타 종교인들의 마을로 성삼 마을은 변해 갔다.

우리 부부가 그처럼 행복한 미래를 꿈꾸던 우리 집은 쓸쓸한 빈집인 채로 오지 않는 주인을 오늘도 기다리고 있으리라.

'평화와 사랑이 넘치는 믿음'의 마을을 만들기를 원하셨던 하늘나라에 계신 신부님!

이제 어디에 꿈의 둥지를 틀까요?

울지 마라, 외로우니까 사람이다

오늘 친구를 만났다. 깊은 속내는 내보이지 않아도 두서없는 얘기를 나누다 보면 이야깃거리가 많아 시간 가는 줄도 모르고 얘기에 빠져들게 하는 선한 친구다. 요 며칠은 사람이 그리웠다. 이 나이에 '외로움'이라니 소가 웃지 않을까? 그래도 난 외로워서 사람을 찾는다. 안부를 묻고는 할 얘기가 없어서 자꾸 시계를 보게 되는 친구는 피하는 편이다.

친구는 성악을 전공한 장래가 촉망했던 친구다. 어느 날 목에 결절이 생겼다. 수술을 하면 목소리를 잃게 된다는 진단을 받고 그때부터 고음까지 올라갔던 성악가의 길을 접었다. 그 뒤로 디자인 학교를 몇 년 수강하여 손색없는 디자이너가 되었지만 가게를 내지 않고 친구들한테 맞는 옷을 선물하는 친구다. 물론 재료값은 받지만….

친구와는 별 교감이 없었던 사이다. 부산 경남여중을 졸업하고 서울 이화 여고로 전학을 왔기 때문이다. 우연히 재작년 동남아 크루즈 여행을 같이 가게 되어서 만났다. 오랜 세월이 지난 후에 만난 친구다. 일주일을 배 안에서 지내는 동안 많이 웃었다.

배가 항구를 떠날 때 친구는 자기가 만든 겉옷을 내게 선물 할 때 난 처음엔 놀랐고 다음엔 감동했다. 누군가 내게 선물을 주면 설령 그 선물이 요긴하게 쓰이지 않는 물건이라도 받는 기쁨에 고마움을 표시한다. 나 또한 주기를 좋아한다. 두 딸은 엄마한테 샤워 젤이나 초콜릿을 선물할 때는 사족을 단다. "엄마, 이거 좋은 거야. 누구 주면 안 돼."

친구는 항상 웃고 있다. 침례교회에 다니는 신자인데 평촌에 살다가 이번에 구반포로 이사를 왔다. 데리고 살던 노총각 아들을 반포로 이사 오면서 독립시켰다는 얘기를 듣고 친구들 모두 잘한 결정이라고 했다.

집 나가 혼자 사는 아들이 엄마한테 도로 들어와 살고 싶다고 안 하더냐는 내 물음에 그 아들은

"엄마 걱정이나 하이소. 내사 잘살고 있네요."라고 말했다고 한다.

오늘은 보라색 예쁜 블라우스를 선물로 갖고 왔다. 점심으로 가재미역국을 먹는데 오징어젓갈이 맛이 있어서 밥을 비벼서 먹었다. 종업원을 불러서 젓갈을 세 번이나 달라고 했더니 종업원은 내 귀에 대고 "손님, 더 드리는 건 좋은데 짜게 잡수시면 안 돼요." 나도 그녀 귀에 대고 말했다. "재벌 총수들이 싱겁게 먹고 좋은 것만 먹어도 팔십을 못 사는데 난 지금 팔십이에요, 입맛 당기는 것 맛있게 먹고 살면 돼요."

돈 계산을 하는데 그녀는 팔십 먹은 연세에 주름도 없고 젊어 보인다고 기분 좋은 말을 했다.

두 시간 수다 떨다 40분을 걸어서 아파트에 왔다. 27도의 여름 더위에 니트 겉옷을 입고 나갔으니 웃옷은 벗어서

어깨에 걸치고 땀을 닦으며 걸어왔다.

오늘 온종일 전화 한 통도 없다.

"살아간다는 것은/ 외로움을 견디는 일이다/ 공연히 오지 않을 전화를 기다리지 마라/ 눈이 오면 눈길을 걸어가고/ 비가 오면 빗길을 걸어가라/ (중략) 가끔은 하느님도 외로워서 눈물을 흘리신다"

정호승 시인의 「수선화」 시 구절이다.

소노 아야코의 『계로록』에 외로움은 노인에게는 공통의 운명이자 최대의 고통일 뿐이라고 썼다.

오늘도 전화번호를 뒤적이며 만나서 수다 떨 친구를 찾는다. 노인의 외로움은 극히 정상적인 변화의 조짐이라는 명언들을 상기하며 위로를 받는다.

전화번호색을 넓는다.

친구 미안해

경복궁 뜨락 식당에 들어갔다. 약속 시간보다 30분이 늦었다. 친구는 우리가 만날 때마다 앉는 자리에 앉아 책을 읽고 있었다. 좀 늦는다고 핸드폰으로 연락을 하고 왔으나 늦어서 미안하다는 인사를 하고 앉았다.

친구는 "괜찮아." 환한 미소를 지었다.

아침에 일어나서 오늘 '뭘 하지?' 사람이 그리워지는 날은 친구한테 전화를 걸었다.

"오늘 시간 있어?"

"만나자고, 좋아, 몇 시에?"

즉흥적인 약속이 되면 항상 경복궁 식당 뜨락에서 만났다. 점심은 연밥을 주문해서 먹고 블랙 커피를 마시며 시간 가는 줄 모르게 얘기를 하며 놀았다. 주로 친구가 얘기를 하고 난 듣는 편이었다.

처음에는 청와대 앞 사랑채에서 만나서 비빔밥을 먹었다. 어느 날 그 집이 문을 닫아서 장소를 옮긴 곳이 경복궁 뜨락이다.

작년 보름을 하루 앞두고 뜨락에서 만났을 때 친구는 오곡밥과 세 가지 나물을 담은 도시락을 내놓았다. 내일이 보름이라서 어제 시장에서 주문해 놓고 사가지고 왔다고 했다. 내일이 보름인 줄 모르고 있었는데 친구가 사온 오곡밥으로 보름맞이를 잘했다. 친구의 따뜻한 마음씨가 고맙고 정겨운 친구로 내 마음 안에 자리 매김을 했다. 친구는 락앤락 통에 여름에는 수박을 가을에는 포도를, 겨울에는 귤을 담아왔다. 마음이 착하고 남 험담할 줄 모르는 온화하고 부드러운 품성이 얼굴에도 묻어나는 친구다.

대학을 다닐 때 서관 강의실에서 90분 강의를 들었다. 공부에 집중하지 못하는 나는 몸을 꼬며 빨리 끝나기를 기다리는데 친구는 그림자처럼 미동도 하지 않고 강의에 몰입했다.

옷은 알프스 소녀처럼 예쁜 치마에 블라우스를 입고 다녔다. 친구가 과 탑인 그와 맺어졌을 때 잘 맞는 짝이라고들 했다.

졸업 후에 결혼하고 영국으로 남편 따라 파견 나가 사는 몇 년 동안 우린 서로 만나지 못했다.

한동안 외국에 살았던 친구가 귀국해서 일산에 살고 있다는 소식을 들었으나 만나지 못했다. 들려오는 소문에 친구가 병원에 입원한 지 여러 달인데 병명이 우울증이라고 했다.

퇴원 후에는 남편이 외부 생활을 단절하고, 지키고 있다는 소식을 듣고 몇몇 친구들이 그녀를 만나러 일산으로 갔다. 중국집에서 부부를 만났다. 친구는 뼈만 남은 몰골로 내 옆에 앉아서 먹지를 못했다.

예뻤던 친구가 저렇게 변하다니…. 믿기지 않은 상황에

위로의 말 한마디도 못하고 헤어졌다.

또 몇 년이 지나 친구가 동기들 야유 나들이에 나온다는 소식을 듣고 친구를 보러 나갔다. 건강을 회복한 친구는 미소를 지으며 손을 잡았다. 친구와의 만남은 그때부터 계속 되었다.

어느 날 만났을 때 친구는 남편이 쓰러져서 병원에 며칠 입원했다가 퇴원했는데 이제는 다시 건강이 좋아져서 마음이 놓인다고 했다. 하루에 담배를 두 갑씩 피며, 소주를 매일 반 병씩 마시는데 괜찮을지 모른다는 걱정을 하기도 했다.

친구는 몇 년 전에 부산에 있는 남자 동기 결혼식에 초대를 받아서 여자 친구들과 더불어 남편도 같이 갔었다는 얘기를 꺼냈다. 오랜만에 만난 남자 동기가 건강해진 그녀를 보고 반가운 표현을 좀 지나치게 했던 모양이었다. 그날 밤 남편은 여자 친구들과 자는 방 복도에 와서 큰 소리로 욕을 했다고 하소연을 하며 무슨 말을 할 것처럼 머뭇거렸다.

"너희 남편 같은 사람은 없다. 너 병 났을 때 자기 생활을 다 접고 널 살려 냈잖아. 난 너희 부부의 참사랑에 대한 수필을 한 편 쓰고 싶어. 세상에 찾아보기 힘든 사랑이지."

얼마 지나지 않아 만나자는 전화를 했더니 친구는 기운이 하나도 없는 목소리로 말했다. "그이가 마루에서 미끄러져서 머리를 다쳤어. 종합 검사를 했더니 장에 이상이 있대. 혈변이 나와."

그때가 성탄을 앞둔 12월 23일이었다. 입원해 있다는 일산 백 병원으로 문병을 갔다. 남편은 침대에 누워 있고 친구는 백지장처럼 창백한 얼굴로 침대 옆에 서 있었다. 밥을 못 먹는다는 친구를 데리고 병원 옆 죽집에서 죽을 먹게 했다.

헤어질 때 친구는 말했다.

"너하고 그동안 잘 지냈어."

왜 저런 얘기를 하나 이상했다. 동기회 회장한테 전화를 했다. 친구가 이상하니까 가 보라고….

12월 29일 성모 병원 예약이 된 날, 차례를 기다리는데 전화가 왔다.

동기회 회장이었다.

"혜자 씨가 자살했다는데 전화 좀 해 보세요."

친구 전화번호를 누르자 남자가 받았다.

"저 큰아들인데요, 엄마 어젯밤 9시에 아파트에서 뛰어내렸어요."

감정이 전혀 없는 목소리로 '엄마'의 사망 소식을 알렸다.

어떻게 이런 일이…. 소리내며 울었다.

언젠가 김포에 있는 회장 별장에 여럿이 초대를 받아서 간 적이 있다. 그때 친구 남편은 소주잔을 서너 차례 비우더니 나한테 미국 여자 가수 누구를 아느냐고 물었다. 모른다고 했더니 무식하다고 무례한 말을 한 적도 있다. 그날 친구 남편이 무례하고 이상한 사람이라는 느낌을 받았다.

즐겁게 담소를 나누던 그 만남은 그의 두서없이 지껄이는 대화로 깨졌다. 정성껏 음식을 준비한 회장은 다들 가버리면 어떻게 하느냐고 안타까움을 나타냈다.

왜 그토록 친구는 바삐 세상을 떠나야 했는지….

뒤따라 친구 남편도 7개월 후에 유명을 달리했다.

뭔가 하소연하고 싶어 했던 친구의 얘기를 들어 주고 위로해 주었어야 했는데….

책상 스피커 위에 친구가 방배동으로 이사 왔다고 사온 르누아르의 「바느질하는 여인」 액자가 놓여 있다. 난 책상에 앉으면 액자를 보며 항상 미소 짓던 친구를 그린다.

마니아를 만난 날은…

나이 팔십이 되도록 유일한 취미는 책 읽기와 글쓰기인데 3년 전에 생긴 허리 통증으로 병원에 석 달 입원하고 퇴원 후에도 아픔이 계속되어 의자에 앉아 컴퓨터 자판을 두드릴 용기가 나지 않았다. 그때 신세계 문화교실 수필반에 등록하고 다니면서 다른 사람들이 글쓰기에 몰두하는 모습을 보고 용기가 날 것 같았다.

작년 3월 수필반에 등록을 하고 첫 시간 수업을 들었다. 그날 커피를 타 주는 그녀를 처음 만났다. 수필반의 반장이라고 했다. 긴 단발머리의 그녀는 옷맵시도 꽤 세련되고 인상이 곱고 따뜻한 느낌을 주었다.

수업이 끝나고 점심을 먹고 커피를 마시며 회원들의 얘기를 듣고 돌아오며 글쓰기에 도움이 되지 않을 것 같아서 등록을 취소해야겠다고 결론을 내렸다. 첫인상이 깊었던 그녀에게 내 첫 번째 책을 주겠다는 약속은 지키겠다고 하며 집으로 왔다.

다음 주 그녀한테 책을 주기 위해 수필반을 다시 찾았다. 수필반을 그만둔 뒤에도 허리는 자주 아프고 컴퓨터에 앉을 용기는 생기지 않았다. 가을이 거의 떠나려 할 무렵 컴퓨터 모니터에 더듬거리며 자판을 두드렸다. 누군가 내 글을 읽어 준다면 계속 쓸 용기가 생길 것 같아서 그녀한테 연락을 했다. 전화를 걸었는지 메일을 보냈는지 기억이 안 난다.

그녀는 내 청을 쾌히 승낙했다. 수필 한 편을 써서 완성이 되면 메일로 보냈다. 꼼꼼히 읽고 평을 해 주고 틀린 글씨는 고쳐주고 어색한 문장은 밑줄을 그어서 다시 고쳐보라는 친절도 보내 왔다.

그녀는 나와 똑같이 글쓰기에 몰입하는 마니아였다. 가

끔 그녀는 자기 글이 실린 책도 보여주고 쓴 글을 메일로 보내주기도 했다.

그녀를 만난 건 행운이 내 마음의 문을 두드린 날이었다. 신앙생활을 열심히 하는 그녀는 얼굴 표정에서 부드럽게 남의 말을 들어 주고 이해하려고 노력하는 따스함이 배어 나왔다.

글을 쓰는 작법은 달랐다. 그녀는 곱고 예쁘고 잔잔한 평안함이 들어있는 글을 썼고 내 글은 지나온 세월의 아픔에서 위로받고 싶고 무언가 내 글을 읽는 독자들한테 메시지를 던지는 글을 쓰고 싶었다.

얼마 전에 그녀는 자신이 쓴 몇 편의 수필을 메일로 보내왔다. 글에서도 그녀의 선함과 평안함이 묻어 있는 글이었다.

「고마운 당신 봉식 씨에세」 글은 예상한 대로 두 부부가 일뜰살뜰 살아가는 사람 냄새가 나는 글이었다.

혜민 스님이 쓴 글에 내 속에 있는 두 개의 나에 대한 내용이 있다. 하나는 내가 되고 싶어 하는 자기 스스로가 원하는 '나의 나'가 있고 나머지 하나는 가족이나 사회가 기대하는 '남의 나'가 들어와 있다는 글을 읽고 많이 공감했다.

나는 두 개의 나로 살고 있다. 내 오랜 친구는 우리 부부처럼 평생 싸우지 않고 사는 잉꼬 부부는 없다고 부러워하지만 우리 부부는 의견 충돌을 자주한다. 친구를 만나도 싸웠다는 얘기를 안 하니까 친구는 알지 못하는 것이다.

그녀는 하나의 내 안에 살고 있는 것 같다. 난 팔십 살, 그녀는 내년에 육십이라니까 나와 이십 년 차인데 내가 가끔 그녀를 만나고 싶은 생각이 드는 건 그녀와 만남에서는 두 개의 내가 작동하지 않아도 되는 편안함이 있기 때문이다.

그녀는 긴 머리를 만지며 얘기를 하고 난 그녀의 젊음이 부러운 눈으로 그녀를 본다. 치렁치렁한 치마에 귀여운 블라우스 차림새에 내 눈이 행복을 느낀다.

앞으로 삶의 어두운 시간들이 오지 않고 행복에 찬 예쁜 글들을 쓰기를…. 나 또한 그녀를 실망시키지 않을 글들을 쓰도록 노력하리라.

'빠른 시간 내로 우리 예술의 전당 카페에서 만나요.'

응답하라

영화 독일 도리스 되리 감독 작품, 「사랑 후에 남겨진 것들」.

영화에서 남자와 여자는 2남 1녀를 낳고 평범한 일상을 살고 있었다. 어느 날 여자는 의사로부터 남편의 말기 암 진단 통보를 받는다. 두 사람은 마지막 여행을 떠난다. 베를린으로 큰아들과 딸네 집을 방문한다. 부모의 방문을 귀찮아하는 자식들을 뒤로하고 발틱해에 바다가 보이는 호텔 방에서 여장을 푼다. 여자는 부토 춤을 추기를 좋아했다. 그날 밤도 여자는 부토 춤을 추고 침대에 누워 잠이 들었다. 다음 날 그녀는 깨어나지 않았다.

여자는 자신이 제일 사랑하는 막내아들이 살고 있는 일본 동경을 가고 싶어 했다. 후지산 벚꽃을 보고 싶다고도 했다. 부인을 묻고 남자는 동경에 있는 막내아들을 찾아갔다.

유난히 여자가 사랑했던 아들의 도시락을 매일 정성껏 싸주었다. 도시락 통 위에 사과 한 알을 얹어주며 '사과 한 알 먹으면 만병통치'라는 말을 빠트리지 않았다.

어느 날 벚꽃이 만개한 공원을 거닐다가 부토 춤을 추는 아가씨를 만났다.

그녀는 세상 떠난 엄마와 통화를 하는 듯 귀에다 수화기를 대고 애절한 표정으로 춤을 추었다. 그는 떠난 아내를 그리며 자신도 부토 춤을 추며 아내의 목소리를 듣고 싶었다.

현관문을 열고 들어서는데 막내아들이 큰아들과 통화하는 소리가 들렸다.

"언제까지 아빠를 돌봐드려야 해. 매일 사과 타령하고 도시락 필요 없다는데 싸주고…."

그 길로 아들 집을 나온 남자는 후지산이 보이는 여관방에 부토 춤을 추던 아가씨와 머물며 안개가 걷히기를 며칠 동안 기다렸다. 어느 날 새벽 후지산이 찾아왔다. 기모노를 입고 후지산을 마주보며 부토 춤을 추는 순간 남자는 부인과 하나가 되었다.

작년 7월 2일 핸드폰이 울렸다.

실비아였다.

“며느리인데요, 어머님이 새벽에 돌아가셨어요.”

“어젯밤 7시에 엄마와 통화했는데…. 어떻게 알았어?”

“아침 9시에 경찰이 전화했어요.”

실비아는 2년 전에 남편을 떠나보내고 거실 벽에 남편과 지냈던 사진들을 붙여놓고 넋두리를 쏟아냈다.

당신 가고 나면 석 달만 살고 당신 곁으로 간다고 했는데 오래 살고 있다고 웃으며 말하곤 했다.

실비아는 9년째 일주일에 3번씩 투석하며 지내는 신장병 환자였다. 언제나 전화 목소리는 또르르 굴러가는 물방울처럼 상큼하고 상냥했다.

"네 목소릴 들으면 누가 널 환자라고 하겠니?"

작년 5월부터 난 요추 2번, 3번에 금이 가고 그곳에 염증 생겨서 석 달을 병원에 입원하고 지냈다. 실비아는 매일 밤 9시에 전화로 "오늘은 어땠어?" 실비아는 하루도 거르지 않고 안부를 물었다.

"너처럼 건강한 사람이 누워 있다니, 믿을 수가 없어. 빨리 일어나서 우리 맛있는 점심 먹고 영화 보러 가자."

15년 전에 고등학교 친구 네 명이 실로암이라는 모임을 만들었다. 우리 넷은 천주교 신자다. 한 달에 한 번씩 일산 그랜드 백화점에서 만났다. 점심을 먹고 실비아가 검색해 놓은 영화를 보고 커피 마시고 수다 떨다가 해 질 무렵에 집으로 왔다.

나는 고등학교 2학년 때 부산 경남여고에서 서울 이화여고로 전학을 왔다. 비어 있는 자리가 맨 앞이어서 그 자리에 앉게 되었다. 내 옆에 앉은 짝은 키가 작은 꼬마였다. 짝의 친구가 실비아였다. 그때부터 실비아도 친구가 되었다.

결혼하고 우리는 두 사람 다 신림동에 살았다. 계모임도 같이하고 자주 만났다. 친구는 화내는 법이 없고 항상 상냥했다. 특히 또르르 굴러 가는듯한 목소리가 매력적이었다.

작년 6월 12일 강남 S병원에서 25일간 입원하고 있다가 퇴원하고 집으로 왔다. 상태는 입원 전이나 마찬 가지로 극심한 통증으로 침대에서 내려오지도 못하고 서지도 못했다.

6월 25일 실비아가 오후 2시에 아파트로 문병을 왔다. 무리하지 말라고 말렸으나 감기로 기침이 나는데 코프시럽을 먹으면 기침 안 나온다고 하며 왔다. 그날 실비아는 남편이 사온 냉면을 내 침대에 올라앉아 먹고 저녁 7시에 갔다. 남편이 3호선으로 바꿔 타는 잠원역까지 태워다 주는 동안에도 종달새처럼 예쁜 목소리로 많은 말을 했다고 남편이 말했다. 일산 아파트에 도착한 실비아는 "내가 너무 오래 있었지? 너, 피곤했지?"

"아냐. 괜찮았어." 실상 졸린 걸 겨우 참았다.

그날이 실비아와 마지막 만남이었다.

7월 25일 병원에 다녀온 실비아는 폐렴으로 진단이 나왔으나 의사는 투석 때문에 입원할 수 없다고 하며 약을 한 보따리 받아 가지고 왔다고 하며 한숨을 쉬었다. "왜 또 허리까지 아프니? 성당 가는데도 몇 번씩 쉬었다 걸어갔다 왔어. 척추협착증이란다."

실비아는 짜증이 잔뜩 묻어난 목소리로 말했다. 나도 많이 아픈데 왜 짜증을 낼까?

실비아의 입관 예절에 참석한 난 하느님께 간절히 기도했다.

"친구 마지막 얼굴 봐야 해요. 통증 좀 가라앉게 해주세요."

친구는 평소에 따뜻하고 잘 웃던 그녀가 아니었다. 공포에 질린 모습이었다.

다시 글을 쓰기 위해 컴퓨터 앉았다. 함박꽃처럼 웃던 실비아가 몹시 그립다.

10년 전 70세에 책을 냈을 때였다. 오래전에 원고지에 쓴 수필을 컴퓨터 자판을 두드려 한 편의 수필을 쓰면 맨 먼저 실비아한테 보냈다. 그녀는 항상 격려하며 용기를 북돋아 주었다. 그때 난 컴퓨터 왕초보였다. 써 놓은 수필을 저장했는데 어디로 갔는지 찾을 수가 없으면 밤이나 낮이나 전화를 했다. 아무리 설명을 해도 못 알아듣는 친구한테 짜증내지 않고 친절하게 설명해 주던 친구였다.

부토 춤을 추며 떠나보낸 부인의 목소리를 들으며 춤을 추며 하나가 되어 그리운 사람의 목소리를 듣는 그들 부부처럼 우리도 부토 춤을 추며 하나가 되어 네 목소리 듣고 싶다.

"이 작품 어때?"

"잘 썼네."

신부님 어디 계셔요?

금년 2월 7일 영하 8도의 추운 날 최영식(마티아) 신부님을 용인 성직자 묘역에 모셔 놓고 왔다

“신부님 제 장례 미사 집전해 주세요.”

오랜 세월 병마와 힘겨루기를 하고 있는 내게 하루는 의미가 깊었다. 갑자기 죽음으로 내리막길을 갈지 모르는 삶이었기에 신부님을 뵐 때마다 부탁을 드렸는데 먼저 가셨다.

작년 12월에 동영상을 보냈다. 이과수폭포를 배경으로 첼로로 연주하는 「미션」 주제곡이다. 신부님은 파바로티,

안드레아 보첼리의 노래를 담은 영상을 보내드리면 감동하셨다는 문자를 보내셨다. 이번에는 며칠이 지나도 보질 않으셨다. 병원에 입원하셨나? 걱정이 되었다.

1월 7일 아침 7시 남편 핸드폰이 울렸다. 최 신부님 전화였다. "욥 형제님 항상 걱정해주시고 고맙습니다." 느낌이 안 좋았다. 신부님은 예의가 있으신 분인데….

1월 12일 성모병원 미사에 갔는데 맨 앞자리에 환자복을 입고 앉아 계시는 뒷모습이 최 신부님 같으셨다. 항암치료 중이신데 지금은 사제관에 계신다고 했다. 월요일에 욥과 미사에 올 테니까 미사에서 뵙자고 했다.

14일 신부님은 미사에 오지 않으셨다. 미사 끝나고 나오니 동생 아네스 씨가 기다리고 있었다. 같이 16층 입원실로 갔다. 아네스 씨는 암이 신부님의 요도와 심장에 전이가 되 있고 소변에서 피가 나왔다고 하며 생명이 연장은 되지만 완치는 어려울 것 같다는 말을 하며 눈물을 훔쳤다. 신부님은 침대에 앉아서 아이들의 안부도 물으시고 내 건강 상태도 물으셨다. "신부님 이겨내셔야 해요. 용기를 내세요."

인사를 하고 병실을 나오는데 심상치 않은 신부님 상태에 마음이 무거웠다.

신부님은 가톨릭 중앙의료원 원장으로 8년을 재임하셨고 안식년에 필리핀 어학연수를 하시고 2011년 필리핀 극빈자들이 사는 나보다스로 가셔서 요셉의원 분원을 세우셨다. 극빈자들을 무료로 치료해 주는 병원이었다. 6년 동안 열악한 환경에서 봉사하시다가 병에 걸리셨다. 더운 나라에서 바닥에 신문지를 깔고 라면으로 식사를 하시고 건강을 돌보지 않으셨다. 갑작스런 고열로 귀국해서 진찰을 받으셨는데 백혈암이었다. 3년 가까이 투병 생활에 전념하셨다. 건강을 회복하시면 필리핀 나보다스 요셉의원으로 가서 생을 마치고 싶다는 꿈을 갖고 계셨다.

'하느님의 뜻'은 우리 사람은 알 길이 없으나 쾌유 기도를 드리며 집으로 왔다.

최사모 회원들한테 연락을 했다. 신부님을 존경하고 사랑하는 모임이다. 10년 넘게 모임을 하고 있다. 좋은 추억을 많이 갖고 있는 모임이다. 필리핀 나보다스 개원식에 열

명이 축하하러 가기도 했다.

1월 22일 최사모 회원 열 사람이 신부님을 뵈러 21층 병실로 올라갔다. 신부님은 접견실로 나오셨다. 한 사람 한 사람 악수를 하시고 당신이 월남전 때 참전하여 고엽제를 맞은 게 원인인 것 같다는 말씀을 하셨다. 신부님께서 강복을 주셨다.

24일. 아네스 씨로부터 카톡이 왔다.

"신부님께서는 의사 선생님으로부터 암이 전신으로 퍼졌다는 결과를 들으시고 혼자서 많이 우셨어요. 성직자답게 사신 분이니까 주님이 신부님을 외롭지 않게 해 주시리라 믿습니다."

2월 4일 호스피스 병동에 계신 최 신부님을 뵈러 갔다. 이미 먼 곳을 보고 계시는 듯 신부님은 우리를 보지 않으셨다.

구성 설 명절을 지나고 떠나시면 했는데 2월 5일 새벽 3시 18분에 가셨다.

신부님을 만난 건 40년 전 군종 신부를 끝내고 봉천 1동 성당 주임 신부님으로 오셨을 때였다. 신부님은 날씬한 체구에 온유하고 인자하며 겸손하셨다. 신림동 성당에서 분가한 성당이라 성전이 없었다. 성전을 짓는 동안은 건물 이층 세를 얻어서 미사를 드렸다. 신부님은 성전을 짓기 위해 가정 방문을 다니시며 모금에 동참해 줄 것을 부탁하셨고 온 정성을 성전 짓는 데 쏟으셨다. 송년 미사에서 신자 분들께 상처를 드린 일이 있다면 용서를 구한다는 말씀을 하시기도 하셨다. 국민학교에 다니고 있는 우리 아들 딸 영세를 주셨으며 종종 우리 집 마당에서 돗자리를 깔고 식사를 같이 하실 정도로 소탈하셨다. 신부님은 성당 봉사하라고 혜화동 교리 신학교에 입학금 5만 원을 내주기도 하셨다. 아들이 국민학교 6학년일 때 서초동으로 이사를 간다고 말씀드렸더니 그곳에 가서 공부를 해야만 성공하느냐고 하시며 섭섭해 하셨다.

그때 맺은 인연으로 고통스럽고 힘들면 종종 전화를 드렸다. 항상 온화한 말씀으로 하느님은 당신을 사랑하는 사람에게 고통을 통해서 당신 가까이 부르시는 거라고 위로해 주셨다.

신부님은 오십 년 가까이 신자로 지내면서 속내를 털어놓을 수 있는 유일한 신부님이셨다.

신부님이 투병 생활을 하시는 동안 카톡으로 문자를 보냈다.

"신부님 어디 계셔요?"

"사제관에 있습니다. 주사 맞고 있습니다. 연천으로 가고 있습니다."

신부님은 감염되면 안 되는 환자라 뵙기는 어려웠다. 내 장례 미사를 해 주시기를 간절히 원했는데 나보다 먼저 하늘나라로 가셨다.

지금쯤 하늘나라에서 환한 빛으로 우리를 내려다보고 계실 신부님!

신부님께 카톡을 보냈다.

"신부님 존경하고 사랑했습니다."

날 보러 와요

몇 년 전에「날 보러 와요」라는 괴기스런 영화를 봤다. 정신 병원이 불타고 입원해 있던 환자들이 많이 죽었는데 불속에서 타다 나온 수첩 주인공을 찾아 PD가 풀어 나가는 내용이었다. 멀쩡한 엄마를 정신 병원에 입원시킨 아버지를 총으로 쏴 죽이고 감옥에 수감되어 있는 주인공과 사건을 풀어 나가는 내용이었다.

갑자기 그 영화 제목이 떠오르며 내 주위에서 떠나는 사람들이 생각났다. 같이 살면서 그 세월이 마냥 갈 줄 알고 부딪치며 살아왔는데 떠나는 시간이 오면 말 한마디 없이 떠나 버린다.

평소에 존경했던 은퇴한 신부님이 일본어 공부를 하고 이 년 만에 돌아오셨다.

점심 대접을 하는데 선물을 내놓으셨다. '손톱깎이'와 '머리핀'이었다. 신부님들이 주시는 선물은 묵주가 대부분인데 이런 귀한 선물은 처음이다. 지금도 신부님이 주신 선물을 볼 때마다 미소 짓는다.

며칠 전에 12년 전 세상 떠난 친구의 남편이 사망했다는 소식을 들었다. 장례식장에 문상을 가려고 했는데 이미 장지로 가고 있는 중이라 문상을 못했다.

10월 달에 일본 삿포로에 있는 노브리베스 온천엘 갔다. 남편, 딸 둘과 같이 갔다. 4일 동안 온천을 했다. 낮에는 걷고 동네 가게로 들어가 일본 전통 공예품 구경하고, 100엔숍에도 들렀다. 체리 빛의 예쁜 손톱깎이가 눈에 들어왔다. 5개를 샀다. 점심은 맛 자랑 집을 골라서 먹었다.

한동안 소식이 없던 율리아나가 깻잎 장아찌를 갖고 놀러 왔다. 일본 갔다 온 선물로 손톱깎이를 주며 말했다.

"나, 먼 하늘나라에 간 후에 이 손톱깎이로 손톱을 깎을 때마다 날 기억해줘."

영화 제목이 떠올랐다. 「날 보러 와요」.

'내'가 떠난 뒤에 '날' 기억해 줄 사람이 있다면 '난' 잘살고 간 사람이리라.

말에 굶주렸나 봐

침대에 누워 꼼짝 못 하고 지낸 지 두 달이 넘었다.

오늘 엘리사벳 형님, 젤뚜르다 형님, 루시아가 병문안을 왔다.

침대 위치를 거꾸로 하고 누워 있는 날 보더니 침대 머리를 방문 쪽으로 두고 누워야 한다고 했다.

남편은 아침 9시에 나가면 오후 4시경에 들어왔다. 혼자 온종일 침대에 누워 기도하다 잠이 들고, 잠이 깨면 기도하고 창밖의 변화무쌍한 구름 그림을 보며 긴 시간을 보냈다.

오늘은 도우미 아주머니가 오는 날이다. 침대에 누워서

꼼짝 못 하는 내게 인사만 하고 거실에서 남편과 얘기를 주고받는다.

"사장님 파가 없어요. 감자도 떨어졌어요."

지난주부터 아파트 현관에 현관 키로 열어야 문이 열려요. 경비가 없으면 한참 기다려요. 경비가 문을 열어 주어야 들어오죠. 보조 키 하나 만들어 주세요."

남편은 쏜살같이 마트에 가서 주문한 물건들을 사다 주었다. 또 현관 키도 만들어 주겠다는 말도 했다. 두 사람이 주고받는 얘기를 듣고 있으면 나의 존재는 이 집의 그림자 같이 느껴졌다.

온종일 말은 열 마디도 하지 않고 지내는 날이 많았다.

석 달 만에 침대에서 일어나 걷게 되었다. 오랫만에 성당 미사에 참석했다. 성당 주보에 65세 이상 어르신들의 성가 대원을 모집한다는 기사가 났다. 노래방에 가서 노래를 부르면 100점을 받는 실력이라 오디션에 신청을 했다. 곡목은 성가 2번 「주 하느님 크시도다」 성가를 골랐다.

저음으로 부르다가 음이 높아지는 소절에 고음이 올라가

지 않았다.

석 달 누워서 세월을 보내는 사이에 말에 굶주린 목소리는 목구멍 안으로 소리가 들어가 버린 모양이다.

예전의 날씬한 몸매에 자신감 넘쳐흐르던 활기찬 걸음을 걷지는 못 하지만, 노인네의 엉거주춤한 자세로 뒷짐을 지고 걸어 나가서 친구들도 만나고, 딸들과 영화 구경도 다니고, 터미널 상가에 옷 구경도 다닌다.

메마르고 쉰 목소리도 서서히 본래 내 목소리로 돌아왔다.

다시 어르신 성가대에 오디션을 받아 볼까 하는 생각이 들기도 하지만 다 지난 일! 모든 일에 감사하는 마음으로 살기로 했다.

말의 품격

손혜원 의원이 당에 부담이 되지 않으려고 더불어 민주당을 탈당한다는 기자 회견을 하는 기사가 1월 21자 중앙일보에 났다. 손 의원이 홍영표 더불어 민주당 원내대표의 어깨에 손을 얹고 회견하는 사진이다. 홍 원내대표는 머쓱한 표정으로 옆에 서 있고 손 의원은 당당한 표정으로 말했다.

재개발로 사라질 위기에 처한 목포의 일제시대 문화 공관을 문화재 거리로 지정하고 내친김에 통영에서 실패한 나전칠기박물관을 목포에 세우려고 했으며, 그런 목표를 이루기 위해서는 부지 확보가 우선이어서 사재를 털어 땅을 샀다고 했다. 절대 목포를 떠나지 않을 것이며 재단이 소유한 부동산과 수집품을 국가에 기부하겠다. 100억이 넘는 재산을 기부하겠다는 회견 내용이다.

그러면 처음부터 목포문화재단의 이름으로 살 것이지 작년보다 시세가 30퍼센트 올랐다는데 투기 의심이 들 수밖에 없는 행태다. 마이크를 쥐고 말하는 자세는 해명을 하는 게 아니라 억울하고 분해서 목포 주민들의 동의를 구하는 겸손하지 못한 태도였다. 자기 비위에 맞지 않는 말을 하는 정치인들에게 배신의 아이콘이라고 직격탄을 날리고, 다른 의원이 공직자 이해 충돌에 대해 좀 다른 이해를 하는 것 같다고 했더니 함부로 말씀하시면 안 된다고 발끈했다. 정치인으로서 말의 품격, 목소리의 울림이 국민들의 마음을 헤아리지 못한 자세는 국민을 무시하는 방자한 태도로 보였다. "나는 옳은 일만 하는데 왜들 시끄럽게 구는지 모르겠다."는 등 목포 회견 장소에서 "SBS 기자들, 어디 있어요? 거기서 터트렸지요?" 인상을 쓰며 마이크를 잡고 큰 소리로 말하는 그녀의 모습은 어떻게 저런 여자가 대한민

국의 국회의원이 되었는지 의아했다. 한 기자가 부동산 투기 의혹에 대해 묻는 말에는 개인적 이득을 보기 위한 일이 아니었다고 해명했다. 또 다른 기자가 '이해 충돌 방지'에 대한 질문에는 "지겹다. 이제 그만 질문하라."며 '조카에게 적법하게 증여했고, 내가 이익을 가져가는 게 아니지 않느냐.'고 반문했다.

문제는 손 의원이 취득한 목포 땅이 투기 목적이냐, 국회의원 신분으로 공직자 윤리법 2조의 이해 충돌 방지 의무를 위반했느냐는 것이다.

항간에 떠도는 소문은 손 의원은 영부인과 숙명여고 40년 절친이며, 문 대통령을 대통령에 당선시키기 위해서 더불어민주당에 입당했다고 당당하게 말하기도 했다.

요새 젊은이들 사이에 회자되는 말은 조카가 어렵게 산다고 1억씩 증여해 건물을 사게 해준 '저런 고모' 한 사람 있으면 좋겠다는 것이다.

신문은 매일, 텔레비전 뉴스에 그녀에 대한 기사와 말, 기자 회견하는 태도, 일관되지 못한 주장으로 시끄럽다. 말의 품격으로 그 사람의 인격을 알 수가 있다. 그녀는 자신의 의도는 항상 선하고 옳다고 생각하는 사람이며, 친해도, 적이 되어도 안 되는 사람이라는 것이다.

이해인 수녀님의 「말을 위한 기도」에서 내가 이 세상에 태어나 수없이 뿌려 놓은 말의 씨들이 어디서 어떻게 열매를 맺었을까? 조용히 헤아려 볼 때가 있다는 구절이 있다.

어제 삼십 년 가까이 지냈던 성당 친구들과의 모임을 정리했다. 여행도 여러 차례 다녔으며, 노래방에 가서 신나게 노래를 부르며 웃음꽃을 피우던 모임이었다. 저마다 자신만의 옷맵시로 분위기를 띄우고 활기차게 젊음을 자랑했던 모임이다.

작년 6월인가, 나보다 한 살 위인 형님한테서 전화가 왔다. 모임에 빠지겠다는 것이다. 이유는 그 분위기에 어울릴 수가 없다는 것이다. 그날 난 그 모임에 참석을 못했다.

나중에 다른 회원한테 들은 얘기는 그날 형님이 가장 아끼고 사랑했던 아우뻘 되는 회원한테서 섭섭한 말을 듣고 모임에서 자리를 박차고 뛰쳐나갔다는 것이다. 그녀는 항상 목소리가 크고 억양이 강했다. 형님한테 불만이 있었으면 단둘이 있을 때 조용히 말을 했어야 했는데 모두들 있는 자리에서 큰 목소리로 "노인대학에 내 자리 잡아 놓지 마세요." 했다는 것이다. 형님의 친절이 불편했던 모양이다.

"다음 달 저랑 같이 모임에 가서 같이 그만둡시다."

우리가 나이 팔십 살이 되면 모임을 그만두자는 얘기를 전부터 해왔으니까 제대로 인사를 하자고 설득했다.

모임에서 회원들이 '형님이 안 나오시면 안 된다.'고 했더니 형님은 마음이 풀리시는 듯 얼굴 표정이 부드러워졌다.

다음 달 모임에 또 딴일이 생겨서 모임에 참석 못 했다. 그날 밤 형님은 정말 그만두어야겠다는 결심을 했다고 전화를 했다. 완고했다.

어제 4개월 만에 참석한 모임에서 이제는 나도 모임을 정리할 때가 왔다는 생각이 들었다. 대화가 안 된다는 형님 말처럼 대화 거리가 없었다. 지금이 어느 때인가? 나이 팔십을 훌쩍 넘겼는데, 만나면 서로의 마음의 아픔을 나누고,

몸의 아픔도 나누며, 사랑해야 할 시간인데….

이해인 수녀님은 시에서 "특히 사랑을 거스른 비방과 오해의 말들을 주여 용서하소서. 감사하는 마음으로 언어의 집을 짓게 하시어, 해처럼 환히 빛나는 삶을 살게 해주소서."라고 했다.

수녀님의 시를 읽으며 말의 품격, 목소리의 무게, 마음가짐의 태도에 대해 생각했다.

부드러운 말과, 조용한 목소리로, 모임을 그만두려는 그 마음을 위로해 주었다면 오랜 세월 만남이 헤어지는 무참한 결말을 맺지는 않았을 것 같다.

"나 이 모임을 제일 사랑해. 많은 사람들이 오랜 세월 이어온 우리들의 우정에 감탄해."

어느 날 미소를 지으며 말하던 형님의 목소리가 귀에 쟁쟁히다.

4
나 팔십 살이에요

내가 왜 이러지
교수님, 난 많이 아픈 환자예요
죽음을 기억하라(Memento mori)
8년 4개월
6주 후에 봅시다
나 팔십 살이에요
태국 칸차나부리 펠릭스 리버콰이 리조트
간병인
내 안에 있는 나는
나, 지금 여기에
당신을 바라보는

내가 왜 이러지

두 달 반 전, 정확하게 4월 12일 아침. 헬스장에서 자전거 타기 30분 러닝머신에서 걷기 운동 30분을 하고 욕탕으로 들어갔다. 반신욕을 20분을 한 후에 탈의실로 나왔다. 전신 거울 앞에 서서 몸의 물기를 닦았다. 평생 운동으로 다져진 몸매는 나이보다 탄력이 있어 보이고 똥배도 나오지 않았다. 어떻게 관리했느냐고 부러워하는 사람들을 보면 우쭐한 기분이 들기도 했다. 배 부위의 물기를 닦는데 왼쪽 배가 볼록 튀어 나온 것처럼 보였다.

작년 5월에 위 내시경을 했을 때도 아무 이상이 없었다.

그런데 밥을 맛있게 먹고 나면 가스가 차고 배가 더부룩하고 트림이 올라오고 노곤하고 차만 타면 졸음이 쏟아지는 정도였다. 아침 운동 끝내고 병원으로 갔다.

큰길 건너 내과 병원이 있었다. 진찰실에 들어가 의사 선생님께 왼쪽 배가 오른쪽 배보다 튀어나와 보인다고 했다. 침대에 누우라고 하더니 배를 만졌다. 의사 선생님은 초음파 검사를 해보자고 하며 간호사한테 검사 준비를 시켰다.

"이 혹 보세요. 10센티는 되겠어요."

의사 선생님은 모니터 화면을 가리키며 말했다. 그동안 초음파 검사는 해보지 않았느냐고 물었다.

대기실에서 나와 뱃속에 혹이 있다는 사실이 공포로 다가왔다. 당장 큰 병원으로 가야 한다고 하며 소견서를 써주었다. 강남성모병원으로 가는 차 안에서 생각들이 스쳐갔다.

이 혹이 췌장에 붙은 것으로 보인다고 했는데 만약 췌장암이라면 '이제 다 살았구나. 이렇게 허무하게 끝날 수는 없는데….' 차를 타고 병원으로 가는 차 안에서 눈물이 씰

끔 나왔다.

강남성모병원에서 다시 초음파 검사를 했다. 이번에는 13센티 크기라고 했다. 입원 수속을 하고 환자복을 입고 여러 가지 검사를 했다. PET 검사에서 다른 종양은 보이지 않았다.

4월 14일로 수술 날짜가 정해졌다. 남편은 당직실에서 수술 후에 올지 모르는 사고에 대해 책임을 묻지 않는다는 각서를 쓰고 왔다. 말이 없었다. 금식이 시작되고 물도 마시면 안 된다는 주의사항을 들었다.

과연 수술 후에 내가 내 발로 걸어 나올 수 있을까? 집도할 선생님께 물어보았으나 아무 대답도 하지 않았다.

14일 8시에 병실에서 수술실로 환자를 싣고 가는 침대로 옮겨졌다. 그때 본당 수녀님이 오셔서 기도해 주셨다. 환자 가운에 기적의 패를 달아 주셨다. 가족들, 성당 친구들의 배웅을 받으며 수술실로 들어갔다. 눈물이 나올 것 같아 이를 악물었다. 손에 꼭 쥔 묵주를 굴리며 성모어머니께 기도를 드렸다.

갑자기 벼락치는 소리가 났다. "허영숙 씨! 허영숙 씨! 잠 깨요." 몸을 사정없이 흔들었다. 그 소리는 왱왱거리며 멀리서 들려오는 것 같았다. 회복실에서 깨어난 것이다. 눈을 떴다. 칼로 후비는 것처럼 배가 뒤틀리며 아팠다. 아프다고 소리를 질렀다. 간호사가 진통제를 놓아 주었다. 극심한 통증이 가라앉으며 수술실에 들어갈 때 타고 들어갔던 침대에 누워서 수술실 밖으로 나왔다. 남편, 아들, 딸, 동생들, 조카들, 낯익은 얼굴들이 걱정스런 표정으로 나를 바라보았다. 즉시 복도 맞은편에 있는 중환자실로 옮겨졌다.

중환자실 독방에 혼자 있게 되었다. 밖에서 환자들의 신음소리, 분주한 의료진들의 움직이는 소리로 소란스러웠다. 걸개를 걸어 호스가 목구멍 안으로 들어가 있고, 소변줄은 침대 밑에 오줌통에 달려 있고 팔에는 링거 줄에서 수액이 흘러 들어가고 있었다. 드라마에서 본 중환자실의 환자였다. 목 안에 걸린 줄이 답답해서 빼 달라고 비상 벨를 눌렀다. 간호사는 안 된다고 했다. 입안이 바작바작 타 들어가는데 물을 달라고 하니까 물에 적신 가제를 주며 물고 있으라고 했다. 중환자실에 잠깐 들어온 막내동생이 주교님이 주신 묵주를 손에 쥐어 주었다.

'불사불멸의 관을 쓰고 죽더라도 죽지 않고 영원히 살리라.'

기도를 밤새 바쳤다. 아침 8시에 일반 병실 침대로 옮겨졌다.

수술을 집도한 선생님은 남편을 수술실로 들어오라고 했다. 종양의 크기는 직경 19센티, 무게 1.5kg 아기 머리통만 했다.

"다행히 암이 아니라서 항암을 할 필요도 없고, 방사선 치료도 할 필요 없어요."

9일 간의 입원을 끝내고 가벼운 마음으로 퇴원을 했다. 그 큰 혹을 달고 잘도 돌아다녔다는 우스갯소리도 하면서….

교수님, 난 많이 아픈 환자예요

병원 복도에서 차례를 기다리고 있는데 내 이름이 환자 호출기에 떴다. 간호사가 문을 열어 주었다. 교수님은 모니터에 뜬 내 폐 엑스레이 사진을 보며 말했다.

'폐 사진에 하얀 점이 쫙 퍼져 있어요. 기스트는 폐로 전이가 되지는 않는데….”

“기스트가 폐로 전이 될 리가 없어요. 호흡기 내과로 가 보세요.”

호흡기 내과 선생님은 모니터에 뜬 폐 사진을 자세히 보더니 다시 K 교수한테로 가 보라고 했다.

다시 K 교수 방에 들어갔다.

"이런 환자 안 왔으면 좋겠어요."

교수님은 퉁명스럽게 말했다. 교수의 폭언을 고스란히 받고 나왔다. 뜨거운 분노가 올라왔다. 나보다 나이가 15년은 덜 먹은 선생한테 목숨 연장하겠다고 치료를 받다니…. 죽어도 좋아. K 교수한테 진료 받으러 가지 말아야지. 분을 삭이며 호흡기 내과로 갔다.

가래 검사를 해야 한다고 가래를 뱉으라는데 가래가 나오지 않았다. 목에 기구를 끼고 가래를 뽑아냈다. 한 달 후에 결과가 나왔다. 폐 사진에 있는 흰 점들은 종양이 아니고 폐를 침범한 결핵균이었다.

그날 오후 비행기로 일본 마츠야마온천을 가기로 되어 있어 친구들과 인천 공항에서 만나기로 했는데, 검진 결과를 듣고 공항 가는 리무진 버스에서 베이글 빵 한 개에 치즈를 발라서 꾸역꾸역 먹었다.

일본 호텔 침대에서 밤을 꼬박 샜다. 그날 밤 쓴 시다.

창밖으로 보이는 앞 산

노란, 붉은 잎새들이 손을 흔드네.

'어디로 가?'

'바람 맞으러 가?'

'추워'

가고 오고 또 가고 오고….

나 가야 할 길 다가오는데

뭘 기다리나?

아냐, 나 가야 할 길 남아있어

그 길은 축복으로 가는 길

죽음을 기억하라(Memento mori)

“암 걸리고 나니, 오는 하루가 전부 꽃 예쁜 줄 알겠다.”

오늘 아침 중앙일보 23페이지에 실린 이어령 교수의 글이다.

의사가 내게 “암입니다.”라고 했을 때 철렁하는 느낌은 있었다.

‘그래. 내가 암이야. 어떻게 할까?’

여섯 살 때부터 지금껏 글을 써온 게 ‘죽음의 연습’이었다.

난 72세 4월에 ‘희귀 악성 종양 기스트’ 수술을 받았다. 연간 인구 100만 명당 20, 30명에게 발병되는 종양이다.

수술 후에 아침에 눈을 뜨면 맨 처음 하느님께 바치는 기도는 '오늘 하루를 주셔서 감사합니다.'

종양의 크기는 직경 19센티 무게 1.5kg다. 집도한 의사 선생님은 그 큰 혹을 배에 달고 어떻게 다녔느냐고 의아해했다.

병실에 들어온 레지던트는 사모님은 중환자실에서 못 나오실 분이셨다고 말했다.

'죽음'은 내 곁에 항상 머물며 호시탐탐 나를 노리고 기회를 보고 있는 것 같았다. 싸워서 이길 생각은 아예 하지 않았다. 주어진 하루에 만족하며 살았다. 그 여유로움은 '죽음'을 너무 일찍 받아들였기 때문이다.

20세에 사랑하는 아버지의 죽음을 맞았다. 임종을 못하시고 힘겹게 가쁜 숨을 쉬며 연필로 무언가를 쓰는 시늉을 하는 아버지를 보고 허 사장이 저 딸을 두고 못 가시는 거라고들 했다. 아버지의 나에 대한 사랑은 맹목적이었다. 딸만 보면 웃고, 엄마 몰래 용돈도 방에 살짝 넣어 주셨다.

아버지가 돌아가시고, 4년 후에 내게는 언니처럼, 엄마처럼 다정했던 친구는 결핵균이 척추에 침범한 통증으로 밤낮없이는 고통을 받았다. 서서 머리를 감다가 통증으로 세숫대야 물을 쏟아 버리기도 했다. 친구는 보건소장으로 근무하는 남편을 따라 밀양으로 내려가 살았는데 우울증이 심한 남편은 같이 죽자고 노래를 부른다는 것이다. 자살하겠다는 편지가 여러 통 왔다. 지금이야 친구가 앓고 있는 척추 카레이스병은 치료가 되지만 당시에는 치료가 안 되는 병이었다.

"내 곧 갈게. 죽으면 안 돼." 편지를 계속 보냈다. 내가 가면 친구의 죽음을 막을 수 있을 것 같았다.

며칠 후에 밤, 기차를 타고 새벽에 밀양역에 내렸다. 부옇게 밝아오는 시골길을 달려갔다. 보건소 문을 열고 친구 이름을 불렀다. 웬 할머니가 앉아계셨다.

"주인 아주머니 어디 있어요?"

"3일 전에 부부가 대구에서 자살했습니다. 기사가 대구 신문 밑에 조그맣게 났어요."

내 나이 68세였을 때에는 내 모든 얘기를 털어놓을 수 있는 단 한 사람, 대학 친구가 유방암 수술을 하고 간으로 전이가 되어 세상을 떠났다. 화장한 친구의 납골함을 안고 친구 고향인 강릉으로 가는 내내 친구의 따뜻한 온기가 느껴졌다 퇴원하면 바다에 가서 수영을 하고 싶어 했던 친구를 경포대 바다가 보이는 곳에 수목장을 했다.

나이 78세에는 만나면 웃음꽃을 피우며 몇 시간이라도 친구들 얘기로 시간 가는 줄 모르고 재미있었던 친구가 마지막 통화를 한 후 그날 밤 9시에 친구가 살던 아파트 9층에서 뛰어내렸다. 병원에 입원한 남편은 혈변을 보는 위중한 상태였다.

친구 떠나보내고, 몇 개월 후에 또 고등학교 친구가 자살했다. 내가 병원에 입원해 있을 때 매일 핸드폰으로 안부를 묻던 친구였다. 마지막 통화는 밤 7시였다.

종달새처럼 예쁜 목소리로 재미있게 얘기하는 친구는 10년 가까이 일주일에 세 번씩 투석을 하며 10년째 살고 있었다. 3년 전에 남편이 세상을 떠난 뒤로는 투석이 끝나고 빈

집에 들어가는 게 너무 싫다고 했다. 게다가 척추측만증으로 걷기가 힘들어 성당에 갈 때도 몇 번을 쉬다가 간다고 했다. 감기가 걸렸는데 낫지를 않고 기침을 오래해서 병원에 가서 진찰을 받았는데 폐렴이 왔다는 것이다. 투석 때문에 입원이 안 된다고 하며 약을 한 보따리 타 갖고 왔다며 짜증스럽게 말했다.

가까운 사람들의 죽음을 접하며 항상 죽음과 같이 사는 것 같았다.

87세에 찾아온 교수님의 암은 예의가 있는 것 같다. 72세에 소리 없이 불쑥 찾아온 내 암은 예의가 없는 암이다.

나이 70세에 아이들 시집 장가보내고 가고 싶은 곳에 여행도 다니고, 맛 자랑을 즐기며, 글도 쓰고, 활기차고, 여유롭게, 살고 싶었는데….

이 교수님은 헤어짐이 먼저이고 삶의 시작은 헤어짐에서 비롯된다, 삶은 끝없는 헤어짐의 연속이라고 했다.

TV 건강 프로에서 "이걸 먹으면 혈액을 깨끗하게 합니다,이걸 먹으면 암을 예방합니다."라고 할 때마다 이런 모든 건강에 좋다는 말에 귀를 기울이거나 구해서 먹으려고 시도한 적도 없다. 한끼 밥을 맛있게 먹으면 그것 자체로 행복하고 감사할 따름이다.

신문에 난 교수님의 글을 읽으며 10년 일찍 내게 찾아온 '암'과 지금 찾아온 교수님의 '암'은 예의가 있는 듯 느껴졌다.

아이 셋을 결혼시키고 70세에 난 홀가분했다. 여행도 다니고, 글도 쓰고, 앞으로 남은 인생의 멋진 계획을 세우며 방방 들떠있는데, 예고도 없이 찾아온 암은 내 모든 계획을 산산조각내고, 독한 항암약을 먹으며 주어진 하루에 감사하는 마음으로 하루하루 살아온 세월이 8년 10개월이다.

내게 찾아온 불청객에 난 불만하지 않았다.

'왜 하느님은 내게 이런 시련을 주셨을까?'

내가 얻은 답은 '쉼'이다.

허덕이며 바쁘게 힘겹게 살아온 내게 '쉼'을 주신 것이다.

교수님은 87세에 암이 찾아왔고, 난 72세에 암이 예고도 없이 불쑥 찾아왔다.

만남은 이별이요, 또 만남은 이별이다. 이별의 끝은 그분 앞에 가는 만남이다.

이 밤 당신께 감사하며 잘 수 있어 감사합니다.

8년 4개월

"가이드 선생님, 다음 휴게소에 도착하려면 얼마나 남았어요?"

"한 시간 반 남았습니다."

버스는 93번 아이스필드 파크웨이를 따라 달리고 있다. 어젯밤에 변비약 '메이킨'을 먹고 잤다. 아침에 화장실에 가야 하는데 버스 갈 시간이 되어서 화장실에 못 가고 버스를 탔다. 한 시간쯤 버스가 달렸는데 배가 살살 아팠다. 화장실을 가야 할 것 같았다. 참아야지, 용을 썼으나 더는 참을 수가 없었다.

"가이드 선생님 버스 좀 세워주세요."

남편과 같이 버스에서 내렸다. 도로 양쪽에는 편백나무들이 나란히 줄지어 하늘을 향해 쭉쭉 뻗어 있다.

이리저리 장소를 찾는데 움푹 파인 곳이 있었다. 차에 오르며 승객들에게 미안하다는 인사도 못하고 자리에 앉았다. 금방 잠이 들었다.

보우호수를 보러 내려가는데 또 배가 아팠다. 화장실이 안 보여서 급한 김에 숲속에서 실례를 했다.

'눈물의 벽'. 까마귀 발 빙하를 보고 재스퍼 국립공원의 콜롬비아 대빙원 지대를 3시간 30분을 달렸다.

가이드 브라운은 계속 말을 했다. 차창 밖 경치를 바라보며 쉬고 싶은데 가이드는 계속 설명을 해야 명가이드인 것으로 착각하는 사람인 것처럼 쉴 새 없이 떠들었다. '자기가 골프 선수'였는데 팔을 다쳐 선수 생활을 못하고 캐나다에서 가을까지 가이드를 하고 한국으로 돌아가 겨울에는 레슨 프로를 한다는 것이다.

10월이면 나이 팔십이 된다. 우리 가족은 모두 열 명이다. 아들 내외가 손자 둘을 낳았고 딸 둘은 아이가 없다. 우리 부부는 더 나이 먹기 전에 식구 모두 가족 여행을 떠나자고 의견을 냈다. 마지막 여행을 다녀온 것이다.

캐나다는 우리나라 땅보다 사십오 배나 큰 나라다. 버스 창밖으로는 비췻빛의 아름다운 호수들이 줄지어 이어졌다. 캐나다 인구수만큼 호수가 있다는 가이드 말은 좀 과장인 것 같다. 편백나무만 팔아도 이백 년을 거뜬히 먹고살 수 있다고 가이드는 설명을 했다. 캐나다는 축복받은 나라다. 우리나라는 좁은 땅에 인구밀도가 높아서인지 오고 가는 사람들은 긴장된 표정들을 하고 있다. 이 나라의 풍요로움을 보니 신이 불공평한 것 같다.

세 시간 삼십 분 버스가 달려서 로키 관광의 하이라이트인 만년설에 도착했다. 특수 설상차를 타고 만년설 빙하체험을 했다. 얼음 두께 300m인 빙하는 지구의 온난화로 계속 녹아 흐르고 있다는 것이다 얼음구덩이에 빠지면 200년이 지나야 시신이 밑으로 내려온다는 가이드 설명에 조심조심 빙하를 걸었다.

다시 버스가 2시간 30분 달려서 벤프 스프링에 도착했다. 허리가 안 좋아서 장거리 버스 여행에 무리가 될까 봐 걱정을 했는데 온 가족이 함께하는 여행이어서인지 허리 아픈 것도 참을 만했다. 저녁을 먹고 동네 마트에 들러서 소소한 선물들을 샀다. 피자 가게에서 피자 한 판을 시켜서 한 쪽씩을 먹으며 캐나다의 멋스러운 추억에 젖어 있는데, 딸들이 "엄마, 서울 갈 때까지 변비약 먹지 마세요."라고 했다. 창피해서 혼났다는 말을 했다. 정말 창피함을 느낀 건 나였다. 나이 먹은 할머니가 젊은이들 보는 데서 할머니다움을 보여준 꼴이 되고 말았다.

나이 칠십이 되었을 때 그동안 써온 글들을 묶어 『짝사랑은 이제 그만』이라는 책을 출간했다. 내 생애에 제일 기쁜 날이었다.

책을 읽고 글을 쓰는 시간은 내 삶에 의미를 주고 행복을 주는 시간들이었다. 고등학교 때는 시를 썼고, 대학교에 다니면서부터는 동화를 썼다. 소설을 쓰자는 친구의 권유로 또 소설을 쓰기 시작했다. 아이들이 좀 자란 후에는 수필을 쓰기 시작했다. 내 삶의 잔잔한 얘기들이었다. 책을 냈다는 충족감은 삶의 질을 높여 주었다.

나이 팔십에 캐나다 로키까지 왔다. 레이크 루이스 호수를 배경으로 찍은 사진에 우리 가족들은 모두 웃고 있다.

대수술 두 번, 어려운 척추 치료, 이 모든 걸 이겨내고 8년 4개월째 잘살고 있다.

10월 31일이 되면 나이 팔십이 된다.

"펠페투아만 걸을 수 있게 해 주시라고 매일 하느님께 기도해준 이웃들에게 소찬의 자리를 마련해 고마운 인사를 하리라.

전능하신 하느님께서 함께하셨음을 나 항상 기억하리라.

6주 후에 봅시다

작년 12월 27일 A병원. 오전 11시 암센터 전광판에 내 이름이 떴다. K 선생은 12월 23일에 찍은 내 CT 사진을 보면서 물었다.

"그동안 잘 지내셨어요?"

"네. 잘 지냈어요."

"그런데 위 부근에 3센티 크기의 종양이 보이네요."

새 종양이 생겼다는 설명을 미소 띤 표정으로 태연하게 들었다. 3일 전 꿈에 소변을 봤는데 빨간 핏물이었다. 잠이 깼다. 불길한 느낌이 들었다.

K 선생의 진료를 받은 지 5년 8개월이 되었다. 기스트 종양에 권위자라는 소개를 받고 S병원에서 K병원으로 옮겼다.

A병원의 K 선생은 환자가 고충을 말하면 환자들의 하소연을 듣지 않는 의사다. "다음 환자 기다려요. 나가세요." 다시는 이 병원에 오나 봐라 분통을 터트렸지만, 명의라는 데야 도리 없이 또 진료일이 오면 선생 앞에 앉았다.

백혈병에 듣는다는 글리벡을 4알씩 먹은 지 8년이다. 약을 먹고 한 30분 지나면 간 쪽에서 이상한 물이 스멀스멀 올라오며 먹은 음식을 토했다. 구토 방지하는 약을 구했다. 그 약을 먹고 글리벡을 먹으면 구토가 안 났다. 부종이 심했다. 특히 눈두덩이 많이 부었다. 얼굴이 퉁퉁 부어서 주름이 없어졌다. 보톡스 맞았냐고 묻는 사람도 있었다. 시도 때도 없이 종아리에 쥐가 나서 옴짝 못 하고 다리를 붙잡고 쩔쩔맬 때도 있고, 가장 힘든 건 식욕이 없는 것이다. 차를 다고 가면서 음식점 간판을 보고 먹을 만한 음식이 있을 것 같아서 시켜놓고 못 먹은 적도 있었다.

의사 선생님은 내가 부작용에 대해서 고통을 호소하면

"내 환자는 그런 환자 없어요."

서너 번 무안을 당한 뒤로는 아무것도 묻지 말고 의사 선생님의 설명만 듣고 나오자고 다짐을 했다.

종양이 또 생겼다는 말에 난 놀라지도 않았고, 어떻게 해야 하는지도 묻지 않았다.

시월 삼십일은 나의 팔순이었다. 자축하는 여행을 여덟 번 다녀왔다.

"너, 역마살이 끼었나 보다." 친구는 성치 않은 몸으로 무리하게 다닌다고 걱정을 했다.

캐나다 로키, 일본 오사카, 일본 삿포로를, 국내 여행으로는 여수, 통영, 장성, 태백, 온양을 다녀왔다.

8년 8개월을 희귀 기스트 암 환자로 지내고 있는 내가 여덟 번이나 여행을 잘 다녀왔는데 새 종양이 생겼다니?

그동안 식욕이 되살아나서 밥도 잘 먹고, 매일 걷고, 활기차게 보냈는데….

5년 글리벡 약을 먹고, 2년을 약을 끊고 다시 종양이 생기지 않으면 완치로 본다고 했는데 5개월을 놔두고 또 생겼다.

"글리벡을 4알씩 먹고 6주 후에 다시 봅시다."

진료일 3개월을 앞두고 지내는 동안 항상 조마조마했다. 8년이란 내 삶의 중요한 시기에 독한 항암 약을 복용하며 힘들게 살아왔다.

내 나이 팔십인데 이 독한 약을 먹고 언제까지 살아야 하나? 어떤 결과가 와도 약을 안 먹겠다고 결심하며 병원에 갔는데….

다음 날 아침 구토 방지약과 글리벡 4알을 챙겨 먹었다.

'너도 별수 없구나. 생에 대한 애착을 뛰어넘지 못하는….'

나, 팔십 살이에요

과천대공원 삼림욕장을 오래간만에 걸었다. 만 칠천 보다. 허리 병이 난 후로 엄두도 못 내던 횡보다. 이제 걷는 건 문제가 없을 것 같아 기분이 좋았다. 경비실 앞을 지나는데 경비 아저씨가 불렀다.

"사모님, 뭐 잃어버리신 것 없으세요?"

등에 메고 있던 가방을 열어 보았다. 넣고 나간 카드집이 안 보였다. 아저씨가 아침에 아파트 앞을 쓸고 있는데 도로에 떨어진 카드집을 어떤 사람이 줍더라는 것이었다. 그거 우리 아파트 주민 것 같다고 하며 받아서 열어 보았더니 사모님 카드집이었다는 것이다.

이상한 일이었다. 분명히 배낭 뒷주머니에 넣고 채웠는데 대공원에서 만나기로 한 친구한테서 온 핸드폰 전화를 받을 때 카드집이 땅에 떨어진 모양이다.

카드집 속에는 카드 네 개, 면허증, 주민등록증이 들어 있었는데 만약 어떤 사람이 주워 갔다면 분실 신고하느라 진땀을 흘릴 일이었다.

재작년 오월 허리가 많이 아팠다. 통증 클리닉에 치료를 받으러 다녔다. 어느 날 치료가 끝났는데 침대에서 일어나지 못했다. 주사도 맞고 진통제도 먹었으나 꼼짝 못 하고 다섯 시간을 누워 있었다. 남편이 데리러 왔다. 휠체어 타고 나오는데 선생님이 큰 병원에 가보라고 했다. 다음 날이 일요일이어서 병원을 못 갔다. 칼로 살을 후벼파는 것처럼 아팠다. 밤새 계속되는 통증에 머리맡에 있는 수면제에 손이 갔다. 딱 죽고 싶었다. 월요일 S병원에서 MRI를 찍고 판독한 결과 요추 2번, 3번이 금이 갔는데 거기에 염증이 생겼다는 것이다.

병원에 석 달을 입원했다. 침대에 누워서 창밖 하늘만 쳐다보며 하루하루를 지냈다.

문병 온 친구 남편이 "이렇게 누워 있으면 못 걷게 돼요."

그 말을 들을 때 이렇게 다리가 멀쩡한데 못 걷게 된다는 건 말도 안 되는 얘기로 들렸다.

퇴원하고 그 말이 사실이었다. 일어서는 것도 불가능했다. 침대 모서리를 붙잡고 서너 발자국을 떼다가 주저앉았다. 좋다는 치료사를 찾아 다녔다. 육 개월이 지나서 버스 정류장까지 가는데 세 번이나 쉬었다가 걸어서 갔다. 뒤에 오던 사람이 앞질러 갔다. 완전히 노인네 걸음을 걸었다. 그런 내가 대공원 삼림욕장을 걸었으니….

베란다에 뭘 가지러 간다. '뭘 가지러 왔지?' 생각이 나지 않아서 다시 방으로 왔다가 '아! 휴지를 가지러 갔지.' 다시 베란다에 가서 갖고 오기도 하고 '어제 뭘 했지?' 생각이 나지 않으면 일기장을 들여다본다. 통상 정리를 하다 보면 쓴 곳이 생각나지 않을 때도 있다.

남편이 나갔다가 다시 아파트에 들어오면 "당신 뭘 잊고 나갔어?" 어떤 때는 핸드폰, 어떤 때는 자동차 키다. 그럴 적마다 안타깝다. 내가 깜빡하고 잊을 때는 웃고 넘어가고 남편이 깜빡할 때는 정신 차리라고 한다.

내가 전에는 관악산, 백운대, 한라산 백록담, 설악산 대청봉, 지리산 천왕봉, 백두산 천지를 힘 들이지 않고 올라갔는데 허리 병이 난 뒤로는 올라 갈 엄두를 내지 못한다. 내가 한탄을 하면 '형님 나이가 몇 살인데 그런 생각을 하느냐.'고 한다.

지금은 하늘나라에 계시는 엄마는 말씀하셨다.

"너하고 얘기할 게 있어 방문을 열고 들여다보면 신문을 보고 있거나, 책을 읽고 있거나, 자고 있거나 하다가 다시 가보면 나가고 없다."고 하시며 서운해 하셨다.

잠시도 느슨하게 있지 않고 움직였다. 아침엔 성당 미사, 점심엔 친구 만나고 지치지 않고 활발하게 살았던 내가 이제는 어디 나갈 일이 생기면 그곳을 갈 수 있을까? 걱정을 한다.

나이보다 젊어 보인다는 얘기를 들으며 살았다.

묻지도 않은 나이를 말하면

"어머, 젊어 보이세요."

그 말을 들을 적마다 우쭐했다.

허리 병이 나기 전에는 지하철을 타도 자리에 앉지 않고 서서 갔다. 젊은이들이 자리를 양보하면 괜찮다고 사양했었는데 이제는 빈자리를 두리번거리면 찾는다.

얼마 전에 허리가 좀 편안해져서 신세계 백화점에서 친구와 점심을 먹기로 약속했다. 일 층에서 엘리베이터를 탔다. 이층에 문이 열리자 젊은 엄마가 유모차에 애를 태우고 탔다.

유모차에는 볼이 불그레하고 토실토실한 예쁜 아기가 타고 있었다. "까꿍." 아기를 보며 웃었다.

앞면 거울에 웃고 있는 할머니가 보였다. 머리는 반백으로 세었고 까무잡잡한 얼굴은 주름이 가로 세로 깊게 자리잡고 있었다. 나는 얼굴을 돌렸다. 젊다고 우쭐거렸던 나는 거기에 없었다.

오랜 시간 누워 지내며 내가 아무것도 할 수 없다는 무력

감은 우울증을 불러 일으켰다. 내가 살아온 세월들이 의미가 없고 아무것도 남은 게 없다는 허무가 나를 옥죄었다. 트럼프가 한방 날려서 전쟁이 나면 좋겠다는 생각이 들기도 했다.

조금씩 걸음을 걷게 되면서 다시금 내 자신에게 말했다. '일어나자.'

책을 읽고 글을 쓰는 취미로 살아온 세월이다. 이제 컴퓨터 앞에 앉아 한자 한자 더듬거리며 자판기를 두드리는 시간들이 나를 깨워 준다.

한 달에 두 번 실로암 친구들과 웃음 치료 교실에 가서 한 시간씩 웃는다. 웃음 치료 선생은 말했다. "입 꼬리만 살짝 올려도 표정이 밝아져요." 화장실 거울 앞에서 웃는 연습을 한다.

느릿느릿 걷는 할머니 걸음을 걸어도 난 걷고 있다.

'세 개의 영정 사진' 사십대 후반에 찍은 영정 사진 속의 난 젊고 예쁘다.

집에 놀러온 남편 친구한테 이 영정 사진 보면 사람들이

뭐라고 할까요? 물었더니

“아까운 젊은 분이 가셨네요.”

다음에 찍은 사진은 우아하게 미소 짓고 있는 사진이다. 맨 마지막 찍은 사진은 활짝 웃고 있는 사진이다.

친구들은 웃고 있는 사진이 좋다고 한다. 하늘나라 갈 옷도 마련해 놓았다. 또 쉴 자리도 준비해 두었다.

통장에 아끼고 모아둔 저축도 갈 곳을 찾아 보냈다.

남은 소망은 팔십을 살아온 내 삶의 발자국이 남겨진 글들을 모아 책을 만들고 싶다.

책 제목은 ‘나, 지금 여기에’다. 책 표지를 그려 주겠다는 예쁜 친구가 기다리고 있다.

‘나, 팔십이다.’ 나이보다 젊어 보인다고 우쭐거렸던 ‘나’를 떠나보낸다.

태국 칸차나부리 펠릭스 리버콰이 리조트

한여름 더위를 피해서 6월 20일 태국 방콕에 있는 리버콰이로 갔다. 잘못된 선택이었다. 서울보다 심한 더위에 방 밖에는 나가지 못하고 저녁 해 질 무렵 걷는 걸 유일한 보람으로 느끼며 하루하루 지냈다.

그런데 내가 유심히 관심을 갖고 보게 된 것은 사방에서 놀고 있는 개들이었다. 필드에도 길에도 보이는 개들은 털이 미끈하고 날씬했다. 우리나라 개들처럼 털이 많고 토실모실한 개는 없었다. 사람을 봐도 사나운 이빨로 으르렁거리며 짖지 않고 눈은 먼 데를 바라보며 한가로운 자세로 유유자적 휴식을 취하고 있는 것처럼 보였다. 그곳은 코브라 뱀이 많은 곳인데 뱀을 봐도 물지 않았다.

어느 날 한밤중에 개들이 짖는 소리가 요란했다. 도둑이 들어 왔나? 무서워서 밖엘 내다보지 못했다. 다음 날 개들이 패싸움을 한 것이라고 착하고 선량한 미얀마 관리인이 말했다.

개들이 노는 걸 볼 적마다 생각나는 건 오래전 남편이 여름에 보신탕을 100회 먹겠다고 선언을 하고 점심때마다 보신탕을 먹은 사건이다. 난 보신탕에 깻잎이나 건져 먹는 편이라 보신탕을 좋아하지 않았다.

친구 세실리아가 어느 날 남편을 보더니 남편 목이 굵어졌다며 걱정을 했다. 그 얘기를 전하자 거울을 본 남편은 보신탕 먹기를 중단했다. 몇 회째 보신탕을 먹다가 그만두었는지 모른다. 보신탕을 좋아하는 한국 남자들이 밤중에 개를 한 마리 잡아서 보신탕을 끓여 먹으면 어쩌나 하는 걱정이 되기 시작했다. 된장을 풀고 파와 깻잎을 많이 넣고 생강도 넣고 푹 끓여 먹고 싶을 것 같았다. 더구나 리조트

본관에서 좀 떨어진 빌라에서는 개를 잡는 소리도 들리지 않을 것이니 시도해 볼 것 같았다.

우리가 한국으로 돌아올때까지 보신탕 사건은 생기지 않았지만 지금도 그 리조트 생각을 하면 개들 생각이 나고 100회 보신탕을 먹기로 결심한 남편을 떠올리며 웃는다.

간병인

내가 간병인을 가까이 보게 된 것은 남편 친구가 S병원에 입원해 있을 때였다.

콧줄로 유동식을 넣어주고 뒤처리를 깨끗이 하며 환자의 다리도 주물러 주고 수시로 침대 시트 밑을 점검하며 환자를 보러 오는 손님들한테 친절하게 대하며 음료수를 권하기도 했다. 남편은 아픈 친구한테 잘해주라고 간병인한테 수고비를 자주 주었다.

금년 여름 태국 칸차나부리에 리버콰이라는 골프장으로 여름 피서를 갔다. 작년 찜통 더위에 베개를 안고 이 방 저

방을 다니며 선잠을 잤었다. 항상 그곳을 다니는 친구가 바람이 살랑살랑 불고 지내기가 좋다는 말에 앞뒤 재지 않고 태국으로 여름 피서를 떠난 것이다.

6월 20일에 태국에 도착했다. 섭씨 35도의 맹더위가 기승을 부렸다. 콰이강이 내려다보이는 산 중턱에 자리 잡은 리버콰이는 비도 오지 않고 서울보다 수은주가 올라가는 기현상을 보였다. 매일 저녁 5시에 카트를 타고 걷기 좋은 홀에서 만 보씩 걷고 콘도에 들어와 샤워를 하고 잠 자는 일과로 하루를 보냈다. 7월 초에는 비도 오고 좀 더위가 가라앉은 것 같았다.

7월 16일 그날도 만 보를 걷고 샤워를 하고 방으로 나오다가 미끄러졌다. 방바닥이 대리석이었다. 미끄러지면서 두 손으로 방바닥을 콱 짚었는데 순간 두 손목이 부러졌다. 왼쪽 손목은 손목이 꺾여서 덜렁거렸고 오른쪽 손목은 가볍게 금이 간 것 같았다. 진통제를 먹고 밤을 꼬박 새우고 태국 병원으로 갔다. X레이를 찍은 걸 판독한 여의사는 왼쪽 손목은 깁스를 해주며 2주일 후 깁스를 풀면 되고 오른쪽 팔목은 아무 문제가 없으니 붕대를 감고 며칠만 지내라고 했다. 젊은 의사는 웃으면서 "NO PROBLEM."이라고 했다. 주위에서 깁스를 풀고 귀국하라고 권유들을 했으나 7월 23일 비행기를 타고 귀국했다. 혹시나 해서 도착하는 길로 동네 병원에 갔다. 태국에서 써준 소견서를 읽어본 의사는 X레이를 찍어보자고 했다. X레이를 판독한 의사는 골절이 되었으니 큰 병원으로 가서 골절 수술을 해야 한다는 설명을 했다. 다음 날 종합 병원 S병원으로 가서 정밀 검사를 다시 했다. 골절 수술을 당장 해야 한다는 똑같은 결론을 듣고 그날로 입원해서 다음 날 전신 마취를 하고 3시간 수술을 받았다. 양쪽 손에 깁스를 하고 병원에 4일간 입원하고 퇴원했다. 간병인을 구했다. 병실로 찾아온 간병인은 연변 사람인데 인상이 괜찮았다.

퇴원하고 하루를 집에서 쉬고 간병인을 데리고 이천 아는 병원에 입원했다.

두 손이 깁스를 한 상태에서 숟가락을 쥐고 밥을 먹을 수도, 이를 닦을 수도, 얼굴을 씻을 수도, 혼자서 화장실을 갈 수도 없었다. 매일 바치던 기도문을 머리맡에 놓고 기도를 하지 않고 지내는 하루는 길고 무료했다. 깊은 고요는 우울증을 가져 왔다.

병원에서 준 진통제로 진통이 안 되고 아프면 간병인에게 간호사한테 가서 진통제를 갖고 오라고 부탁을 했다.

간병인은 내가 침대에 누우면 자기도 드러누워서 핸드폰을 열고 '유튜브 동심초'라는 프로를 몇 시간이고 들었다. 수술한 부위가 아프니까 팔을 좀 주물러 달라고 하면 몇 번 주무르다 또 유튜브에 빠져들었다.

밤에 화장실을 가려면 아주머니를 깨우기가 조심스러웠다. 어떤 밤은 세 번씩 화장실을 간 적도 있었다.

간병인과 지낸 지 8일째 되는 날 밤 2시에 통증이 심해졌다. 간호사한테 진통제를 갖다 달라고 했다. 그날 밤은 새벽 4시에 또 통증이 왔다.

조심스럽게 아주머니를 불렀다. "진통제 좀 갖다 주세요." 내 말이 끝나기도 전에 간병인은 성질을 버럭 냈다. "막 잠이 깊이 들었는데…."

그날 밤을 꼬박 뜬 눈으로 지내며 이 간병인과는 더 이상 동거를 할 수가 없다는 결론을 내렸다.

아침을 먹고 목에 걸고 있는 묵주의 예수님을 한 손으로 잡고 얘기를 꺼냈다.

"아주머니는 잠이 깊이 들면 일어나기가 어려운데 밤에도 나는 아주머니 도움이 필요한 환자이니까 오늘로 간병을 그만두는 걸로 하지요. 오늘 일당은 추가로 드리겠어요."

하루에 9만 원씩 수고비를 받는 간병인이 환자를 위해서 뭘 해야 하는지 모르는 그녀로 인해 그녀의 눈치를 보느라 힘들었다.

한 달 만에 집으로 돌아왔다. 따뜻한 햇살이 들어오는 거실 창밖에서 바라보이는 숲의 무성한 잎들이 한들한들 바람에 흔들리며 가는 여름을 보낼 준비를 하는 듯했다.

하루에 5천 보씩 걷는다. 다리를 튼튼하게 하고 넘어지지 않게 조심조심 걸으며 다시는 간병인 신세를 지지 않겠다고 결심했다.

내 안에 있는 나는…

그날 서울 대학교 영안실 앞마당에는 무리지어 숲을 이루고 있던 아까시 나무들이 꽃망울을 터트려서 꽃향내가 진동했다. 아버지를 보내는 날이었다. 하늘을 올려다보며 난 울음을 참았다. '어찌 살라고 여섯이나 자식을 남겨 놓고 가다니….' 영구차에 실리는 아버지 관을 붙잡고 엄마는 통곡했다. 아버지의 사랑을 흠뻑 받으며 살아온 내게 아버지의 죽음은 받아들일 수 없는 아픔이었다. 원통하고 분했다. 플라타너스 잎이 무성한 신설동 가로수 길을 걸어 학교를 가면서 참았던 울음을 쏟아냈다.

매일 밤 꿈에 나타나는 아버지를 뵙는 것은 고통이었다. 어느 날 새벽에 동네에 있는 성당을 찾아갔다. 무릎을 꿇고 빌었다. "하느님 아버지 꿈에 나타나지 않게 해 주세요."

혜민 스님이 쓰신「내 속에 있는 두 개의 나」의 글을 읽으며 나에게 물었다. 너는 어떤 사람이냐? 스님은 하나는 내가 되고 싶어 하는 자기가 원하는 내가 있고, 나머지 하나는 가족이나 사회가 기대하는 '남의 나 '가 들어와 있다고 쓰셨다. 나는 그 글을 읽으며 참 나는 누구인가를 많이 생각했다. 대학 일학년 봄에 아버지는 대학 등록금 한 번 내주시고 저세상으로 떠나셨다. 주위 어르신들은 네가 취직해서 식구들을 먹어 살려야 한다고 학교를 그만두라고 했으나 엄마는 네 힘으로 학비를 조달할 수 있다면 학교를 다니라고 하셨다. 대학 4년을 아이들 과외 선생을 하며 학교를 졸업했다.

그때 생긴 나의 겉모습은 다른 사람들 앞에서는 당당하고 자신 감이 넘치는 사람으로 보여지길 원했다.

세월이 많이 흘렀다. 나는 항상 그 모습으로 살아왔다.

다른 누군가가 나의 가난을 눈치챌까 봐 더더욱 나를 감추고 드러내지 않았다.

이제 나이 팔십을 살고 보니 참 나는 유약하고 외로움을 타며 사랑받고 싶고 사랑하며 따뜻한 온실에서 살고 싶다.

어느 모임에서 유안진 시인이 쓴 시 구절에 "저녁을 먹고 고무신을 신고 허물없이 차 한 잔을 마시고 싶다고 말할 수 있는 친구가 있으면 좋겠다."는 구절이 있다. 그런 벗이 한 명만 있어도 좋겠다고 얘기하자 모임에 온 친구들은 너같이 친구가 많이 있는 사람이 그런 말을 하는 건 타당치 않다고 입을 모았다.

아버지의 내게 대한 사랑은 무조건적인 사랑이었다. 딸이 하는 모든 행동이나 말이 다 사랑 덩어리로 보인 셈이다.

남은 세월 사람 사랑을 찾으러 다닐 게 아니라 하느님 사랑에 푹 젖어 살아가기를 기도한다.

나, 지금 여기에

A병원 초음파 검사실 앞에서 차례를 기다리는데 검사실 문이 열렸다.

"허영숙 씨, 들어오세요."

검사대에 자세를 바로 하라는 대로 하고 누웠다. 나이 든 담당자가 방에서 나왔다. 배에다 초음파 기구를 대고 복부 쪽을 마사지하듯이 돌리며 말했다. "나쁜 암이에요. 여기 저기 생기지요. 암이 젊은 사람은 먹을 게 많으니까 기승을 부리지만, 노인은 먹을 게 없어서 기승을 부리지 못하지요. 발병한 지 9년 6개월만이에요." 선생님은 내 말이 끝나기도 전에 자기 방으로 들어가 버렸다.

검사 3일 후에 기스트 담당 선생님을 만났다. 차례가 와서 진료실로 들어가 선생님 앞에 놓인 의자에 앉았다. 선생님은 모니터를 들여다보며 말했다.

"피 검사 결과도 좋아요. 엑스레이에 결핵을 앓은 흔적은 있네요. 종양은 없어졌네요. 약을 끊고 싶지요?"

지난번 진료 때 약을 끊고 싶다고 했을 때 선생님은 말했다.

"약을 끊으면 또 종양이 올라와요. 연세도 많으신데 빨리 죽고 싶으면 약을 끊으세요. 암 환자가 완치된 경우는 없어요."

그날에 무안을 당했던 기억이 마음속에 깊이 자리 잡고 있었다. 감사하다는 인사를 하고 나왔다.

"3개월 후에 봅시다. 위 내시경 검사와 CT 촬영을 하고요."

간호사가 주는 다음 예약일과 약 처방전을 받아 가지고 나왔다.

책을 출판하려고 원고를 쓰고 있다. 이제 마무리 수필이 나의 투병기인데, 세상에 내놓기를 많이 망설였다. 나를 아는 사람들은 항상 의욕이 넘치고 아프다가도 털고 일어나서 씩씩하게 사는 사람으로 알고 있는데, 암 환자로 10년 가까이 살고 있다면 다들 놀랄 것이다. 병은 자랑하라고 했지만 난 내 생명의 주관자이신 하느님께 온전히 맡기며 살아왔다.

긴 터널을 지나오며, 힘들고 지칠 때도 죽음에 대한 막연한 두려움에서도 외로울 때도 나의 수호천사는 나를 지켜주고 도와 주셨다. 하느님의 크신 사랑이다.

묵주를 손에 쥐고 성모님께 나의 원의를 당신 아들 예수님께 드려 달라며 바치는 기도를 하며 살았다 길을 걸어가면서도, 차를 타고 가면서도, 밤에 잠자리에 누워서도 손에서 묵주를 놓지 않고 기도 드리며 살았다.

터널 밖으로 나왔다. 나이 팔십!

환한 빛이 쏟아지는 곳을 향해, 한 걸음 한 걸음 조심조심 걸어가고 있다. 야훼 하느님은, 낮에는 구름 기둥으로 밤에는 불기둥으로 길을 밝혀 주신다.

천국 열쇠를 쥔 사도 바오로가 천국 문 앞에 서 있다.

그곳은 영원한 쉼의 자리이니.

당신을 바라보는

TV 채널 19번에 「강적들」이란 시사 프로가 있다. 그 프로를 즐겨 본다. 이 사람이 거짓을 말하나, 어떤 게 진실인지 헷갈리는 세상을 살고 있다. 그 프로에 나오는 인사들은 정치 고수들, 저명인사들이 시국 현황을 풀어 나가니 진실이 무엇인지 이해가 되기도 한다.

며칠 전, 공화당 전성시대에 국회의원이었으며 무균 정치인으로 대통령 후보감 1순위로 꼽히던 분이 나왔다. 고시 3관왕으로 대통령도 시험을 봐서 뽑는다면 자신 있다고 말할 정도로 뛰어난 분이었다. 당 대표와 이념이 맞지 않는다고 다른 당으로 옮겨 간 뒤로는 서울 시장 후보로 나왔다. 부인과 성당 활동을 같이하던 사이라, 선거 명함을 돌리며 당선되는 데 협조를 했으나 무참한 패배로 끝이 났다. 그 뒤로 정치는 접고 변호사로 명망을 유지하는 아까운 정치인이다. 나와는 동갑내기다. 35년 전 성당에서도 만나고 메주고리 성지 순례에서도 만났다.

나라 걱정을 해서인지 얼굴 표정은 굳어 있고 예전에 자신감에 넘쳤던 모습은 사라졌고 불만에 찬 냉랭한 모습이었다. 내가 대통령이라면 저런 상식 이하의 정치를 안 할텐데, 그런 생각을 하고 있는 것일까?

안방 침실로 들어갔다. 침대에 앉아서 몸 풀이 운동을 하는 남편의 얼굴 표정은 딱딱하고 웃음기가 없고 표정이 굳어 있다. B 변호사가 대통령이 되지 못해서 한이 서려 있는 것처럼 보였는데, 남편도 출세길 도중에 과다 재산 보유자로 명퇴한 한이 남아서 저렇게 변했나.

대학 3학년 때 선배 언니 소개로 처음 만났을 때 남편은 하얀 피부에 양처럼 순하디순한 얼굴이었다. 악이라는 그림자는 얼씬거리지 못할 것 같았다. 세월의 무상함을, 변해 버린 남편의 얼굴을 볼 때마다 느낀다.

오래전 처음 비행기를 타고 유럽 여행을 갔을 때, 이태리 식당에 점심을 먹으러 들어가면 콧날이 오뚝하고 눈이 크고 피부가 하얀 웨이터들이 만면에 웃음을 띠고 여행객들을 맞이했을 때 돼지고기가 둥둥 뜬 수프에 식욕이 생기지 않았지만 그들을 보는 것만으로도 행복했다. 다음 여정지로 프랑크푸르트 교포가 운영하는 식당에 갔을 때였다. 내 나라 사람을 만났다는 반가움에 손이라도 덥석 잡고 싶었는데 주인의 냉랭한 표정에 무한했던 기억이 지금도 생생하다. 왜 고국 여행객들의 만남에 부정적이었을까. 나중에 들은 얘기로는 이역만리 타국으로 이민 와서 살기 위해 고생하는데, 돈을 쓰며 여행 다니는 동포들한테 어떤 거부감 같은 감정을 느꼈을 거라고 들었다. 맞는 말이다. 우리는 여유가 있어 여행을 다니며 삶을 즐기는데 그들은 여행은 꿈도 못 꾸고 생활을 위해서 쉼이 없이 매일이 고달프니 고국을 떠난 것을 후회도 할 것 같다.

지하철을 타고 앉아서 갈 때에 건너편 앉은 사람들을 보면 젊은이들은 얼굴을 숙이고 핸드폰에 뭔가를 들여다본다. 연세가 많이 드신 어르신들은 눈을 감고 주무시는 모습이 괴로워 보이고, 묵주를 쥐고 기도드리는 천주교 신자들은 얼굴에 평화가 없고 우울해 보인다. 나라도 편안하고 감사가 묻어나는 모습으로 앉아 있고 싶어 입술 꼬리를 약간 올린다. 웃는 사람들은 음식점에 점심 먹으러 들어오는 사람들뿐이다. 대통령은 만날 웃으면서 희망의 나라를 노래한다.

자기 얼굴에 책임을 지라는 말을 많이 듣는다. 돌아가신 분의 염을 할 때 얼굴을 보면 살아온 삶이 그대로 묻어나 있다는 얘기를 듣는다. 나를 바라보는 사람들은 어떤 느낌을 받을까? 선함일까? 욕심이 드러나 있을까? 나눌 줄 아는 착한 사람으로 보일까? 교만한 사람으로 보일까? 억지로 얼굴 표정을 바꿀 수는 없다. 착한 마음으로 살려고 노력하다 보면 자연히 평화가 있고 따뜻함이 묻어나는 내가 되지 않을까?

"선한 사람은 향내가 나며 그 향기는 하늘까지 올라가지요."

어느 날 신부님이 하신 말씀이다.

허영숙 수필집

나, 지금 여기에

인쇄 2019년 10월 24일
발행 2019년 10월 31일

지은이 허영숙
발행인 서정환
펴낸곳 수필과비평사
주소 서울시 종로구 삼일대로 32길 36(익선동 30-6 운현신화타워 빌딩) 305호
전화 (02) 3675-3885 (063) 275-4000 · 0484
팩스 (063) 274-3131
이메일 shina2347@naver.com essay321@hanmail.net
출판등록 제300-2013-133호
인쇄 · 제본 신아출판사

ISBN 979-11-5933-245-6 (03810)
값 13,000원

이 도서의 국립중앙도서관 출판예정도서목록(CIP)은 서지정보유통지원시스템 홈페이지(http://seoji.nl.go.kr)와 국가자료종합목록 구축시스템(http://kolis-net.nl.go.kr)에서 이용하실 수 있습니다. (CIP제어번호 : CIP2019042479)

Printed in KOREA